Pourquoi Gaston Monnerville n'est-il pas devenu président de la République française ? Pourquoi cet homme politique, président du Sénat de 1959 à 1968, est-il si mal connu dans son propre pays ?

Et pourquoi, pour les femmes noires dans la France d'aujourd'hui, tout va très bien, tout sauf les relations avec la gent masculine au travail, tout sauf les tensions sourdes avec les collègues femmes, et pourquoi ça ne marche pas et pourquoi ça ne va pas s'améliorer ?

Léonora Miano consacre son premier texte pour le théâtre à la présence noire dans la France d'aujourd'hui. En partant d'une série d'histoires personnelles, *In-tranquilles* – la première partie du recueil – nous plonge dans l'intimité de ces personnages afropéens. D'où venons-nous ? Que sommes-nous ? Où allons-nous ? Ces voix, parfois ces cris, on les retrouve dans *Femme in a city* – la seconde partie – où elle rapporte les tribulations de femmes noires et françaises en quête de justice, d'égalité et d'amour.

Pour Léonora Miano, on écrit « en raison d'une certaine tournure d'esprit et parce qu'on y est poussé ». C'est la nécessité de faire entendre des cris étouffés, de rendre audibles des paroles proscrites, qui la pousse aujourd'hui à nous livrer ces *Écrits pour la parole*. Léonora Miano nous tend un miroir qui avait perdu son tain et qui, par elle, le retrouve. Elle est l'auteur de six romans édités chez Plon, récompensés par de nombreux prix.

Écrits pour la parole

ISBN : 978-2-85181-773-0
Tous droits réservés
© 2012, L'Arche Éditeur
86, rue Bonaparte, 75006 Paris
contact@arche-editeur.com

Conception graphique de la couverture :
Susanne Gerhards

Léonora Miano
Écrits pour la parole

L'Arche

In-tranquilles

Aux cris inaudibles
Aux paroles proscrites

Couleur

J'étais tombé sur l'un des secrets les mieux gardés des Noirs :
la plupart d'entre nous n'étaient pas intéressés par la révolte ; la
plupart d'entre nous étaient fatigués de penser tout le temps au
problème racial…

Barack Obama, *Les Rêves de mon père*

Petite fille, tu te voyais blanche dans tes rêves, tu savais que c'était toi, la seule chose, c'est que tu étais blanche, il y avait une balançoire dans le jardin, de l'herbe verte autour, des pâquerettes comme des sourires au milieu des touffes d'herbe, tu étais heureuse là, tournant le dos à la maison, une petite bâtisse en bois jamais habitée dans la réalité, seulement dans tes rêves, elle était bleue, pas vraiment, tu dirais indigo, ce qui semble curieux pour les murs d'une maison mais c'était ainsi, un rosier grimpant à fleurs rouges courait le long de la façade, à droite de la porte d'entrée peinte dans les mêmes tons que les murs, si bien qu'on ne la distinguait pas, tu crois qu'il n'y avait pas de fenêtres.

Paupières plissées pour protéger la claire pupille de tes yeux tournés vers le soleil, tu te balançais toute la journée jusqu'au crépuscule, tu ne t'es jamais vue faisant quoi que ce soit d'autre ni côtoyant quiconque, il y avait des gens dans la maison mais tu ne les voyais pas, ne recherchais pas leur compagnie ni eux la tienne, il n'y avait pas une fourmi, pas un ver de terre, aucune de ces bestioles que remarquent les enfants, aucune compagnie d'amis imaginaires, tu étais seule sur ta balançoire, seule et blanche, seule mais blanche, cela te convenait, tu en avais même besoin, de la solitude comme de la blancheur, le rêve prenait fin au coucher du soleil, la fillette aux yeux clairs poussait la porte indigo, pénétrait dans l'habitation, tu ne la voyais jamais faire, c'était

11

là que sonnait le réveil, l'heure de vivre dans le vrai.

Dans un autre rêve, lui aussi récurrent, tu ne te voyais pas, te sentais seulement, marchant entre les immeubles d'une ville déserte, il n'y avait que toi, ton souffle, tes pas, nulle hâte, tu savais où aller, manifestement, même si ce lieu n'apparaissait pas, tu t'y rendais, c'était certain, il le fallait, c'était bien, tu étais contente, les habitants de la ville te l'avaient laissée, les portes n'étaient pas closes, ni celles des cafés, ni celles des salles de cinéma, tu prenais le goûter en terrasse, un chocolat chaud t'attendait là, dont la saveur t'égayait les papilles, puis, tu allais voir un film, des images vieillies qui te plaisaient bien, des histoires chantées d'amour et d'affrontements dans le West Side, des romances remplies de motards en toc, n'ayant de rude que le cuir noir de leurs blousons et encore, de filles faisant des bulles de chewing-gum rose pour séduire les garçons en susurrant : *I'm hopelessly devoted to you*, de cette voix cristalline que même enfant tu n'avais plus, tu aimais ces films, dans la vie réelle c'était une grande cousine qui les regardait quand tes parents sortaient le soir, elle enfournait des cassettes dans le magnétoscope, te tendait quelques carambars pour que tu ne dises rien, elle était censée faire ses devoirs, et toi, te mettre au lit.

Il devait bien y avoir une raison, pour que tu rêves, comme ça, d'être seule au monde, t'élançant durant des heures vers le soleil, déambulant dans une ville déserte, blanche ou privée de corps, tu t'es fréquemment posé la question, tu y as souvent réfléchi, tenté de comprendre ce qui provoquait cela chez la fillette que tu étais, en fait, c'est bête comme chou, la couleur ne te posait pas problème en tant que tel, tu l'aurais revêtue sans mal, comme une robe confortable, s'il n'y avait eu tout ça, les regards, l'Histoire, la parole, pas forcément dans cet ordre-là, ça dépendait des jours, les regards, à l'école, dans la rue, partout absolument, te tatouaient la peau de vieux fantasmes, voyaient en toi on ne sait quel archétype, t'arrimaient à d'anciens conflits, de sombres histoires mal assumées, te renvoyaient à des savanes inconnues, à des pilons, mortiers, roulements de *djembe* dont tu ne savais rien, ne voulais rien savoir, surtout en ce temps-là, quand tu étais petite fille.

L'Histoire, curieusement, n'était pas dite en classe, mais à la maison, la maison réelle, pas la demeure rêvée, l'Histoire était constamment sur les lèvres de ton père, n'était que tragédies, batailles vaillamment conduites mais très souvent perdues, blessures inguérissables, impardonnables affronts, spoliations, déportations, humiliations, trahisons, crimes attendant en vain réparation, chéloïdes courant le long des cœurs, telle était l'histoire de la couleur, elle se confondait avec celle de la famille, lorsque ton papa ouvrait un album de photos, te parlait longuement de la *force noire* dans laquelle son père à lui avait combattu, rien que le nom te terrifiait, la *force noire*, tu n'y entendais pas la gloire, frissonnais en imaginant le sang, les tranchées, la boue, l'usine après ça, où l'homme avait trimé parmi d'autres silhouettes ténébreuses, anonyme, tu l'as à peine connu, tu avais quatre ans quand il est mort, mais son fantôme vivait parmi vous, on ne parlait que de lui, entre la poire et le fromage mais aussi avant, et encore après, on ne parlait que du temps funeste des tranchées, des duretés de l'usine, du racisme aussi, tellement.

L'Histoire d'avant, personne au sein de la famille ne la savait, personne ne connaissait la préhistoire, quand des hommes n'avaient pas encore été enduits de la couleur, coulés dans l'ombre, comme jetés au fond d'une fosse, l'Histoire commence dans cette obscurité que le jour ne viendra jamais éclairer tant elle est épaisse, l'Histoire ne s'achève pas, évidemment, les livres de ton père tapissaient les murs de la maison, devenue adolescente, il arrivait qu'il t'incite à en lire un, tu le prenais mais ne l'ouvrais jamais, il n'y avait qu'à en lire le titre pour savoir qu'une vallée de larmes t'attendait là, se déployant sur les pages, tu entendais claquer le fouet, grincer les chaînes, siffler les balles, haleter les chiens, mourir l'espérance, gémir les générations traumatisées par ces indépassables, et tu n'en voulais pas, de tout ça, tu refusais d'en hériter, d'être, toi aussi, dépositaire de tragédies, gardienne de la mémoire de ces batailles vaillamment conduites pour que les guerres soient toujours perdues, tu tournais résolument le dos aux blessures inguérissables, aux impardonnables affronts, aux spoliations, déportations, humilia-tions, trahisons, crimes attendant en vain réparation, chéloïdes courant le long des cœurs, ton esprit se dressait contre ce legs pesant, tout ce que tu voulais, c'était une vie, simple, banale, incolore.

La parole était celle, aussi répétitive que lapidaire, de ta mère, dès le premier jour en maternelle jusqu'à la dernière année au lycée, avant qu'il te soit donné de t'inscrire à l'université, de quitter la maison, mais le mal était fait, la couleur avait fini par recouvrir ton âme, les rêves des fillettes n'étant pas, on s'en doute, aussi puissants que le verbe des mères, la tienne disait, lorsqu'elle boutonnait ton manteau, ajustait des moufles sur tes petites mains : *N'oublie pas ta couleur, tiens-toi bien*, avec quelques variantes : *N'oublie pas ta couleur, surveille ton langage, travaille davantage, ne crois pas aux mirages*, il a bien fallu cesser de rêver, te soumettre au principe de réalité, mais tu n'as pas oublié ces images, ce que tu ressentais en habitant une autre enveloppe, même en imagination, ce dont tu rêvais, ce n'était pas d'être blanche, simplement d'avoir le droit d'être une personne, enfant, tu comprenais déjà que noir, ce n'était pas une catégorie biologique, naturelle, que c'était une mémoire, des représentations, aujourd'hui, tu ne rêves plus, tu flottes, ballottée entre deux mondes dont aucun ne te sied, tu t'agrippes à toi-même pour ne pas chavirer, luttes quelquefois contre la folie, l'envie d'en finir, en silence.

MONNERVILLE

Gaston Monnerville pourquoi Gaston Monnerville n'est-il pas Pourquoi Gaston Monnerville n'est-il pas devenu Gaston Monnerville pourquoi Gaston Monnerville n'est-il pas devenu Pourquoi Gaston Monnerville n'est-il pas devenu Pourquoi Gaston Monnerville n'est-il pas devenu Pourquoi Gaston Monnerville n'est-il pas devenu Pourquoi Gaston Monnerville n'est-il pas devenu Président pourquoi Monnerville Gaston pourquoi Gaston Monnerville n'est-il pas devenu Président de la République Président de la République française Gaston Monnerville

À QUOI ÇA SERT

À quoi ça sert d'enseigner l'Histoire des grands Empires subsahariens aux petits Français si on ne leur dit rien de la présence noire en France S'ils ne connaissent pas les chaînes de la mulâtresse Solitude les Saramakas de la Guyane Félix Éboué la police des Noirs au 18ème La Jeanne Duval qu'aima Baudelaire Gaston Monnerville À quoi ça sert de leur dire qu'il y eut des royaumes des pyramides à Méroé des reines guerrières dans l'ancienne Angola où la loi salique n'avait pas cours des Amazones du Dahomey un grand Kongo un Monomotapa des rois Mossis Ashantis Zoulous un grand enclos du Zimbabwe des églises monolithes en Éthiopie déjà au Moyen Âge l'origine du monde à Ilé-Ifè À quoi ça sert si le corps découpé de Saartje Les Zoos Humains l'exposition coloniale À quoi ça sert si ce n'est pour leur apprendre qu'ils descendent de puissants qui surent terrasser des peuples qui avaient eux aussi créé de la beauté C'est comme jouer aux Indiens après les avoir effacés

LE MONDE CONNU

Ils ne veulent pas voir disparaître le monde connu Les assimilationnistes Les opposants au multiculturalisme C'est ça qu'ils craignent La perte des repères Que tout change Qu'on n'ait pas le choix Que ce soit ça ou disparaître Que la langue se transforme Les visages aussi La substance profonde Que le pouvoir et même la peur changent de camp *Pas tout de suite* un jour prochain Que le nom de France ait un autre contenu Le vrai Celui qui relie l'Hexagone à la Caraïbe à l'Amérique du Sud Celui qui l'a planté dans l'océan Indien Celui qui s'est rendu en Afrique Celui que l'Afrique a touché Imprégné Qu'on soit Français en réclamant maintes allégeances Bien des Appartenances Qu'on dise la nation trop petite trop étriquée pour définir ce qu'on est Ils veulent préserver le monde connu Son rayonnement Sa puissance Et on les comprend Car l'éclat s'affaiblit Car la *puissance vacille* Un peu plus chaque jour Et ça fait mal Mais d'autres ont vu s'effilocher la réalité Se désagréger le monde connu Leurs enfants errent Tentent encore de comprendre comment fonctionne le nouvel univers dans lequel ils ont été précipités C'était ça la colonisation Pour ceux qui l'ont vécue Ceux qui sont nés ensuite dans des espaces créées nommés bornés mis en coupe réglé par elle C'était ça la colonisation La disparition du monde connu On vit avec Comme on peut mais on vit

PIÈCES D'IDENTITÉ

OUREY

Mon arrière grand-père s'appelait Aboubakar. Il venait d'une région de France. Rufisque, alors, c'était la France. Il était de la même génération et portait le même nom de famille que Battling Siki. Vous connaissez Battling Si… Bref, Aboubakar est allé dans les tranchées pour défendre ce pays. Il n'a jamais tiré ailleurs, il a fait comme on lui a dit. La guerre finie, il s'est installé à Paris, y a épousé Marie, une infirmière venue du Havre. Marie et lui ont eu deux enfants : Pierre et Lucienne. À la maison, Pierre, on l'appelait Moussa. Lucienne répondait au doux prénom d'Awa. L'état-civil avait refusé ces prénoms-là. Grand-père Moussa a convolé avec Pauline, Bordelaise noire, native du Gosier. Ils ont eu mon père, seulement lui, Philippe, qui s'est marié avec Justine. Ses parents venus du Viêt-Nam l'avaient baptisée Bao Ngoc. Elle a horreur que son nom soit écorché. C'est pourquoi ma mère se fait appeler Justine. Moi, j'ai trois prénoms : Ourey, Garance, Phuong. Ourey était la femme d'Aboubakar. Papa aime bien ce prénom, qui lui fait rêver à Rufisque, à la cuisine de sa grand-mère. Garance, c'est Mamie Pauline qui l'a choisi. Ce sera plus simple en société, c'est ce qu'elle dit. Parce qu'on vous juge à l'habit. Phuong, maman me l'a donné parce que j'étais, à la naissance, aussi rouge qu'une *fleur de flamboyant*. Phuong, ça veut dire ça : fleur de flamboyant. J'ai foncé depuis. J'ai toujours vécu à Paris. Mon grand-père paternel et mon père aussi. Mon patronyme, c'est Fall. Je m'appelle : Ourey, Garance, Phuong, Fall. Mon nom usuel, c'est Ourey Phuong Fall. Je trouve que ça en jette. Ça a du caractère.

PULCHÉRIE

Moi, j'étais intégrée avant de venir ici, donc, il ne faut pas me fatiguer avec ces histoires-là. Je n'ai pas le temps. C'est même quoi ça. Si chacun doit seulement rester attaché là où il est né, comme une chèvre qui reste là où elle peut brouter, il ne fallait pas commencer à venir coloniser les gens. C'est vrai. Il ne fallait pas venir chanter la France partout. L'intégration, c'est quand tu parles français. Donc, c'est bon. Je suis dedans. On m'a bien chicottée à l'école pour que je parle cette langue. Les parents étaient d'accord qu'on nous fouette. Il fallait parler français. Quand la règle en fer du maître faisait gonfler tes doigts, c'était le français qui entrait dans tes os. Quand la chicotte tombait sur ton dos comme la foudre, c'était le français qui pénétrait dans ta chair. J'ai échoué trois fois avant d'avoir le bac. Trois fois. J'ai supporté. Après ça, j'ai bagarré, bagarré, pour venir jusqu'ici. N'entrons même pas dans les détails. J'ai payé mon droit d'intégration, et ce n'était pas moins cher. Je garde des enfants. Ce n'est pas ce que je voulais faire quand j'allais à l'école, mais ce n'est pas un problème. Le dehors est dur pour tout le monde aujourd'hui. Même les Blancs mangent les cailloux maintenant. Garder les enfants, c'est un travail comme un autre. Il n'y a pas de honte là. Un jour, la maîtresse d'un des petits m'a demandé d'accompagner la classe à Versailles. Au début, j'ai dit non. Ça, il faut demander aux parents. On ne me paye pas pour aller n'importe où comme ça. J'étais catégorique sur cette affaire. La femme-là m'a suppliée, jusqu'à. Elle m'a trop suppliée, mais je gardais les bras croisés. Je ne suis pas venue ici pour les choses compliquées. Pendant qu'elle parlait, un cœur m'a dit de lui poser une question. Je lui ai alors demandé si Versailles qu'elle disait là, ce n'était pas là-bas qu'il y avait un château. Elle a ouvert les yeux comme si moi aussi je ne pouvais pas connaître les châteaux. Je n'ai pas perdu le temps à lui dire de ne pas s'amuser avec moi, que je suis intégrée. Le château de Versailles était dans un film que j'avais vu à la CRTV, la télévision nationale du Cameroun. C'était un de ces louches films que la France nous envoyait gratuitement pour nous faire rêver. Le film-là était un genre, mais il y avait le château, et ça, c'était bien. La maîtresse a confirmé que oui, c'est au château de Versailles que la classe allait. J'ai alors accepté, mais je n'ai pas souri. Les gens-ci croient trop qu'on aime rire pour rien. On se demande qui leur a menti. Je suis donc allée à Versailles. Je voulais voir l'endroit-là en direct. Les enfants bavardaient comme des moineaux dans le car. Ici, les enfants ne se comportent pas. Ils font ce qu'ils veulent, et tu dois les laisser tranquilles. Sinon, tu risques de les traumatiser. Quand même, il ne fallait pas que ce soit eux qui me traumatisent. Je n'ai pas beaucoup parlé, mais quand l'un d'eux a commencé à tirer les cheveux de sa voisine, j'ai dit : *Hé !* Je l'ai bien regardé. Il m'a bien regardée. Ça s'est arrêté là. Le calme est revenu dans le véhicule. Les gosses ont cru que j'allais les manger s'ils s'amusaient. Ceux que je garde, ils sont deux. Je n'ai pas besoin de les menacer. Mais quand tu as plus de vingt petits, il faut agir. Il y avait une maman avec nous. Ça faisait trois femmes pour vingt-cinq enfants. Elle était au chômage. Nous sommes arrivées à Versailles. Là alors… Il y avait une expo. C'est comme ça qu'ils appelaient ça. Moi, ce que je voyais, c'était le désordre. On avait versé une cargaison de bêtises dans tout Versailles, comme si on voulait seulement gâter ça définitivement. J'ai demandé qui avait fait du vilain comme ça. On m'a donné un nom compliqué : Takashi quelque chose. Je ne vais même pas m'embrouiller à retenir le nom du type-là. Tout ce que je peux dire, c'est que lui, il n'est pas intégré. On ne l'a pas chicotté pour faire entrer la France dans son corps. On le reçoit à Versailles, mais il s'en fout de la France. Il n'a pas rêvé de la France. Je n'ai pas beaucoup parlé. J'ai seulement pensé que, si c'était moi qui exposais là-bas, je n'allais pas remplir Versailles avec n'importe quoi. J'ai du respect. Voilà alors comment les Français dérangent les gens avec l'intégration, alors que, la France, ils ont oublié ce que c'est.

CÔME

Toutes les trois générations, dans ma famille, un enfant au teint mat vient au monde. Souvent, la peau n'est pas si sombre, mais les cheveux presque crépus, ou le nez un peu large. Parfois, c'est encore autre chose. On ne peut pas savoir. Personne n'en parle, mais tout le monde sait. Il y a longtemps, autour de l'an 1798, un aïeul s'est mis en ménage avec une esclave des colonies. C'était l'époque où les esclaves étaient libérés sitôt qu'ils posaient le pied sur le sol hexagonal. La femme s'appelait Francette. On dit qu'elle venait de Saint-Domingue, mais c'était peut-être de la Guadeloupe. L'affaire est obscure de ce côté-là. Elle était camériste dans une maison bourgeoise. C'est ainsi qu'ils se sont rencontrés. On chuchote des bribes de cette histoire, dès lors qu'un enfant voit le jour. On examine le nouveau-né. On l'observe longuement dès les premières années. On étudie son tempérament. Il arrive qu'on ne puisse pas dissimuler la chose… Surtout chez les femmes. L'esprit de Francette les possède littéralement. La lignée compte deux ou trois internées, recluses dans des asiles pour cause de débordements primitifs. Nous n'aimons pas les évoquer. Elles n'étaient pas folles, juste pas assez conformes… D'un point de vue comportemental. Il a fallu les éloigner. À l'époque, en 1798, notre aïeul, Gerbaud, n'avait pas le droit d'épouser Francette. C'était interdit. Il ne fallait pas que les sangs se mélangent. Les esclaves ayant quitté les îles pouvaient vivre libres, mais sans amour. Francette et lui se sont aimés. Il a reconnu et élevé tous les enfants qu'elle a portés. Ils ne vivaient pas sous le même toit, mais là aussi, tout le monde savait. Leur histoire fut dévoilée à la milice chargée de veiller à ce que chacun reste à sa place. Une femme. Jalouse. Délaissée par Gerbaud. Francette fut emprisonnée, s'éteignit dans des geôles moites et insalubres, mais jamais elle ne consentit à disparaître. Elle se rappelle à nous toutes les trois générations. Sa marque n'est pas seulement sur les corps. Elle est aussi dans les cœurs. C'est à elle que nous devons cette passion atavique qu'ont les hommes de la famille pour les latitudes tropicales où ils vont s'ensauvager depuis des générations, aimer des femmes à la peau brune, ne pas tenir leur rang. On ne s'en vante pas, loin s'en faut. Le prénom de Gerbaud ne se transmet pas chez nous. Celui de Francette non plus, il va sans dire.

BEAUTY

Je suis venue au monde le jour où ma mère m'a choisie. Avant, je n'étais pas née. Je n'avais pas de vie. Il a fallu qu'elle pose les yeux sur moi, me prenne dans ses bras, me nomme : *Beauty*. C'est comme ça qu'elle m'a appelée. C'est ce qui lui est venu en premier. Dès qu'elle m'a serrée contre elle. On ne m'avait pas donné de nom, à l'orphelinat. Comme j'étais la plus jeune, on m'appelait simplement *le bébé*. C'est maman qui me l'a raconté. Elle est venue un jour. Le soleil dans le ciel était haut. La terre ocre craquait sous les pieds. Mon corps avait 5 mois, bientôt 6. Mon corps. Pas moi, puisque je n'existais pas. Elle m'a emmenée avec elle. Comme on emporte une petite graine pour la faire germer, soigner la plante. Elle m'a donné cette drôle de terre : à une porte de Paris, là où passe le tramway. C'est là que j'ai poussé. Parfois, c'est vrai, je me demande à quoi ressemble l'autre pays. Celui où je n'avais pas de nom. Pas de vie. Celui où je suis née quand elle m'a ouvert les bras.

Elle dit que nous irons un jour. Dès que je serai prête. Je n'aurai qu'un mot à dire. J'aimerais bien, mais j'ai un peu peur. Je ne sais pas pourquoi. C'est comme ça. Dans le salon de coiffure où maman me conduit tous les quinze jours, je rencontre des femmes de là-bas. Avant, je pensais que l'une d'elle m'avait laissée dans cet orphelinat. Pas vraiment l'une d'elles, mais une femme lui ressemblant. Peut-être plus pauvre. Plus seule. Une femme qui ne pouvait se payer le coiffeur. Quand la coiffeuse s'occupe de moi, encore aujourd'hui, je me dis que c'est à ma mère de le faire. Peigner. Démêler. Oindre. Natter. Quelque chose crisse au fond de moi. Ce n'est pas grave. Je suis venue au monde le jour où ma mère m'a choisie. Tous les enfants n'ont pas la chance d'avoir été choisis. Petite fille, j'espérais laisser ma couleur dans l'eau du bain. Tous les soirs après la crèche. Finir par lui ressembler. Je ne disais rien, mais j'espérais. Que Grand-mère ne regrette plus le temps où j'étais bébé, quand ma peau était plus claire. Qu'on nous voie dans la rue, ma petite main dans celle de maman, et qu'on dise, comme ça, spontanément : c'est votre portrait craché. C'était idiot. J'en ai conscience. Pourtant, il m'arrive encore de chercher, malgré moi, un lien visible. Des mimiques que je tiendrais d'elle. Un goût partagé pour certaines choses. Ça me rassure. Pour le jour où elle ne sera plus. Le jour où il n'y aura que moi. Face à la vie qu'elle m'a donnée. Je suis venue au monde le jour où ma mère m'a choisie. Tous les enfants n'ont pas la chance d'avoir été choisis.

SOSTÈNE

J'ai cinq enfants, tous diplômés de l'enseignement supérieur, tous français. Moi aussi, j'avais la nationalité. Cela fait quand même trente-cinq ans que je vis ici. J'y suis venu pour faire des études. Je les ai faites. J'ai toujours travaillé. Je paie mes impôts. Je paie mon loyer. Je verse ses étrennes au gardien. Tous les ans. Je joue aux courses. Je lis *L'Équipe* et *Le Parisien*. Que faut-il de plus ? J'avais la nationalité, tout allait bien. L'autre jour, je suis allé déposer mon dossier pour renouveler ma carte d'identité. On n'a dit que c'était impossible parce qu'il manquait l'acte de naissance de mon père, né à Pointe-noire. Il y a eu un dégât des eaux chez moi. C'était il y a deux ou trois ans. J'ai perdu quelques documents. Cela peut arriver. Puisque mes enfants sont français et que je vis ici dans le 18ème depuis longtemps, je me suis dit que ce serait vite arrangé. Tu parles. Tout se passe comme si la nationalité française m'avait été prêtée pour un temps, avant de m'être retirée. Comment voulez-vous que les jeunes respectent un pays où l'incertitude règne dans de tels domaines ? Bientôt, on me dira que je n'ai pas cotisé pour la retraite, puisqu'on peut revenir sur la vérité, transformer la vie des gens. Fabriquer une autre réalité. Même cette crapule de Giscard ne nous faisait pas vivre de telles humiliations ici. En Afrique, il se lâchait, mais ici, on avait une chance. Je n'ai pas raconté cette histoire de carte d'identité à mes copains du quartier. J'ai une image à préserver, ici, à Château Rouge. Surtout auprès des nouveaux venus. Pour eux, je suis l'ancien. Celui qui peut raconter la France, la vraie, celle où la volonté suffisait à se faire une place. Elle n'a pas duré longtemps, au fond, cette France-là. Elle est passée comme une étoile filante dans le ciel. Mes enfants m'ont trouvé un avocat. On verra ce que ça donne. J'espère recevoir les excuses de l'administration française. Ce sont mes impôts qui lui permettent de fonctionner, bon sang. En attendant, quand je retrouve mes amis rue du Panama, je ne leur dis rien de tout cela. J'ai honte de leur avoir tellement vanté un pays qui se moque de moi. Je pense aussi à mes enfants. Un beau jour, on leur fera la même chose. Je suis né au Congo, comme mon père. Je ne vais quand même pas me reprocher d'avoir vu le jour dans ce pays où le Général de Gaulle a établi la capitale de la France libre.

Je ne vais quand même pas avoir honte de ma filiation avec cette terre qui a su abriter l'âme de la France quand elle était menacée dans l'Hexagone. J'espère vraiment recevoir une lettre d'excuse de la part de l'administration française. J'ai tout donné à la France. Pas seulement mon intelligence, ma force de travail, mon enthousiasme, mes rêves, mes années de jeunesse, mon affection. La France, je lui ai donné cinq enfants. Qu'elle ne crache pas dessus. Qu'elle ne crache pas sur mes enfants.

Le plus terrible pour les vaincus Pour la descendance des vaincus Ce n'est pas la défaite Ce n'est pas tant la défaite que de constater avec une amertume sans cesse accrue Que les vainqueurs Les descendants des vainqueurs sont de bien tristes sires Qui baragouinent le français Ne prient pas ce dieu au nom duquel les divinités du Pays Premier furent jetées aux ordures Le plus terrible pour la descendance des vaincus c'est de devoir accepter l'idée que leurs aïeux aient été subjugués humiliés dominés injuriés écrasés massacrés par des prestidigitateurs des menteurs Ils étaient roublards armés sans le moindre scrupule même quand ils parlaient du Christ *mais enfin* Ils ne pouvaient pas Ils ne pouvaient tout simplement pas être plus grands que ceux qu'ils ont engendrés Qui baragouinent le français Ne prient pas leur propre dieu Ne sont pas si élégants que ça Ni même Tellement raffinés Ce n'est pas la défaite le pire C'est qu'ils ne connaissent pas l'Histoire de leur victoire Ce qu'elle a coûté en vies humaines en civilisations détruites en futurs avortés en traumatismes innommés en déchirures à trimballer où qu'on aille maintenant Et qu'ils mentent encore Et qu'ils trichent encore Et qu'ils abusent encore dans tous les sens du terme Le pire Le pire Le pire C'est qu'ils n'aient rien fait rien ou si peu du fruit de *la longue spoliation* Attendu que chez eux le cœur des villes grouille d'humains qui mangent à même les poubelles n'ont nulle part où dormir aucun avenir strictement aucun Le plus terrible pour les vaincus Pour la descendance des vaincus Ce n'est pas tant la défaite C'est d'avoir été piétinés pour rien

Du feuillage vers la racine

Parfois je vais la voir là-bas Ma grand-mère Sur la terre qui n'est pas mienne Sur la terre qui pourtant m'habite Ma grand-mère parle tout bas Elle chante de vieilles chansons Je ne comprends pas toujours les paroles Ma grand-mère Parfois sa voix s'éraille Parfois elle pleurerait Elle en pleurerait presque d'impuissance En haussant les épaules Sa voix s'éraille Quand elle dit Ma grand-mère là-bas sur la terre qui m'habite Sa voix s'éraille Quand elle dit que l'âme le cœur la voix la parole l'âme le cœur l'esprit les archétypes l'âme des Subsahariens ont été dérobés C'est pour ça qu'on tangue C'est ce qu'elle dit Ils nous ont pris la direction et le chemin la direction et le chemin la direction et le chemin C'est pour ça qu'on s'égare c'est ce qu'elle dit Ma grand-mère je vais la voir là-bas Ma grand-mère Je pense Elle me fait penser au crâne Au crâne de Geronimo que les Apaches réclament toujours Elle me fait penser Je la serre contre moi Elle ne comprend pas pourquoi je souris Je lui dis Chante encore Chante seulement *L'Afrique ne cessera pas* de pousser Ses racines sont ici Mais son feuillage touche trois continents Au moins trois continents Elle vit Elle palpite Elle se transforme Elle ensemence L'Afrique Ma grand-mère Je vais la voir Elle rit Dans mes bras Elle rit Elle ignore ce qu'est un continent

J'habite un terroir intérieur un espace sans limites trois langues l'écho de quatre cultures J'habite des ancêtres multiples une parole propre Centrale parce que périphérique porte mes cicatrices avec élégance ne revendique pas affirme dis tranquillement Je suis Ne cherche pas ma place la crée la tienne aussi Je suis N'éprouve ni haine ni crainte Je suis ni haine ni crainte J'écris les pages de mon histoire la tienne Mets du *piment* dans ma blanquette aime mon rôti avec de *l'igname* mon tartare avec *des plantains* frits Connais le passé sans y séjourner sans le sacraliser Apprends du passé pour tracer ma voie Je suis une voie J'habite un terroir intérieur Je suis une position pas une posture Une vibration un souffle une émotion un appel une conjonction une intense intention L'heureux événement Je suis une donnée complexe flexible une attitude symbolique politique une contrée concrète immatérielle fructueuse une terre sans bornes Fertile Mes frontières assemblent ne séparent pas assemblent ne tranchent pas assemblent ne découpent pas assemblent ne mutilent pas Je marche devant le jour qui vient Je suis la beauté qui se fait Je suis un inachèvement Je suis un apaisement

Communauté

…Si nous préférions rester entre nous, c'était surtout parce que c'était le meilleur moyen d'arrêter d'y penser [au problème racial] que c'était plus facile que de passer notre temps en colère ou à essayer de deviner ce que les Blancs pensaient de nous.
Barack Obama, *Les Rêves de mon père*

Tout le monde en parle, de la communauté, de ta communauté, et si tout le monde en parle tellement depuis un certain temps, c'est surtout pour dire que ce ne serait pas bien qu'elle existe, ta communauté, parce que ce n'est pas la tradition d'ici, parce que ce serait contraire aux idéaux d'ici, parce que la République ne connaîtrait que les individus, pas les groupes, pas ces masses de gens qui prétendent avoir quelque chose de spécifique en commun, parce que ce qui est spécifique nuit à tout le reste dès lors qu'un groupe le revendique, que tout ça devrait rester bien au chaud dans la sphère intime, là où tu as le droit, après tout, de manger ton ndolé, ton court-bouillon, toutes les sauces graines que tu veux, sans que personne ne t'en empêche, alors on ne comprend pas pourquoi tu nous prends le chou avec ces histoires de ta communauté, dans ce pays qui n'est pas ségrégué, où tout le monde s'envoie en l'air avec tout le monde, sans que la République y trouve à redire, car elle accepte tous les individus, même les métis, et ce n'est pas, comme tu le crois, pour te tenir à l'écart de la place publique, que le visage de la mixité – ce visage qu'il faut bien montrer à présent, pour prouver qu'on accepte tout le monde, qu'on fraternise avec tous, qu'on se reconnaît en chacun, qu'on se soucie de la paix sociale –, ce visage-là n'a jamais les traits trop typés, jamais outrageusement épatés, jamais indiscutablement crépus, le pays ne sait rien de toi, ne te soupçonne même pas, toi dont les berges du Maroni ont accueilli les ancêtres rebelles, on a beau te dire que le moment t'est favorable – l'heure de la *diversité* ayant soudain sonné pour donner un sens à cette *fra-ter-ni-té* dont on te rebattait les oreilles jusque-là sans que tu puisses comprendre de quoi il était question sitôt que tu faisais un pas hors de la fameuse sphère intime où une part de toi devait rester cachée comme si tu devais en avoir honte, comme s'il ne fallait voir que l'image jaunie du pays d'avant, quand ils étaient entre eux et qu'ils se foutaient sur la gueule parce que même dans un monde monochrome ils ne se reconnaissaient pas les uns dans les autres – tu te crispes, tu n'as pas trop confiance, tu penses à ces matins où, dans leur monde préservé de couleur, ils ont envoyé des gens être gazés, des types dont tes yeux ne voient que la blancheur, identique à la leur, tu essaies en vain de comprendre quelle différence ils leur ont trouvée pour les traquer comme ils l'ont fait, les dénoncer comme ils l'ont fait, les regarder partir comme ils l'ont fait, voir revenir ceux qui n'étaient pas morts et ne jamais s'en remettre, être hantés par ça, parce que les survivants avaient véritablement la même tête qu'eux, pas le nez spécialement crochu, aucun signe parti-culier de leur altérité, tu te demandes comment ils pour-raient te reconnaître, toi, comme l'un des leurs, s'ils ont pu faire ça à des semblables tellement immédiats.

Tout le monde en parle, de la communauté, de ta communauté, et si on en parle tellement depuis un certain temps, c'est pour conjurer le sort, en interroger les struc-tures éventuelles, les possibles fondements, en affirmant qu'elle ne peut pas exister, ta communauté, ce vieux pays imposera ses principes séculaires aux réalités les plus récal-citrantes, quel que soit leur nombre, leurs criantes évi-dences, ce sera comme ça, un point c'est tout, et d'abord, les Noirs de France, quelle expression incongrue, eh bien les Noirs de France, ils ont des origines trop diverses, précisé-ment, aucun soubassement commun, aucune histoire com-mune, aucune culture propre, partant de là, ils ne sauraient former une communauté, et ils disent toutes ces choses comme si ton objectif premier était de la forger, cette communauté, en dehors, peut-être, de rassemblements politiques ponctuels, après lesquels chacun rentrera chez soi pour se coltiner seul sa condition d'humain, et ils disent toutes ces choses comme s'ils avaient assimilé l'idée de ton incontestable appartenance à la France, comme s'ils étaient capables de ne pas te croire le tenant d'une histoire parallèle, forcément autre que la leur, le dépositaire d'une culture étrangère, nécessairement distante de la leur, et tu sais bien que s'ils en étaient capables, ils ne passeraient pas leur temps à te demander de quelle *origine* tu es, à te dire franco quelque chose pour mettre en exergue cette *origine* à laquelle tu seras constamment renvoyé, comme le métis à cette part noire qui efface tout le reste, si bien qu'il n'a d'autre choix que de la faire sienne, plus qu'aucune autre, parce que les gens ne peuvent quand même pas, lorsque les taxis ne veulent pas les transporter, lorsque les vieilles dames changent de trottoir, lorsque les employeurs retiennent un cri en les voyant, lorsque les keufs les serrent très fort mais sans amour avant de rigoler quand on leur tend une carte d'identité française – parce que ça ne les impressionne mais alors pas le moins du monde, dans toutes ces situations-là, les gens ne peuvent pas décemment se mettre à crier qu'ils ont du sang blanc, jaune, rouge, est-ce que je sais moi, enfin, du sang autre que noir, que ce n'est pas une affaire de sang, d'abord, qu'ils ne sont pas des bêtes, qu'ils avaient des droits sur cette terre avant le BUMIDOM*, et encore plus après, qu'ils ne veulent de mal à personne, seulement vivre avec tout le monde, tranquillement, qu'ils veulent même se mélanger, culturellement, amoureusement, de toutes les manières possibles, qu'ils sont nés ici, qu'ils ne connaissent rien d'autre que les rues d'ici, la vie d'ici, le vin d'ici qui réchauffe le froid sec des hivers d'ici, la langue d'ici, et ils ne

* Bureau pour le développement des migrations dans les départements d'outremer.

vont pas arpenter les rues de ce pays qui ne se voit pas changer, avec dans les poches le duplicata soigneusement plié du test ADN qui prouve qu'en réalité, ils n'ont que 45% de Noir en eux, le reste étant réparti entre Breton et Chinois, alors, tous ces gens qui ne peuvent tout de même pas adopter cette attitude qui ne convaincrait personne, qui les rendrait encore plus suspects parce que aucun individu sensé ne ferait ça, tous ces gens cherchent, sans s'en apercevoir, leurs frères dans l'infortune, ceux qui leur ressemblent, même un tout petit peu seulement, l'endroit où ils peuvent s'abandonner, souffler un peu, cesser de se sentir jugés, auscultés, évalués, sommés de préciser ce qu'ils sont, et cet espace n'est pas toujours très facile à trouver, parce que dans leur for intérieur, leur première priorité n'est pas de se *communautariser*, de faire partie de ce qui sera vu, de l'extérieur, comme un gang ethnique menaçant la cohésion républicaine qui ne se laissera pas faire parce qu'elle est souveraine, c'est elle qui commande du haut de ses siècles d'âge, ce n'est pas sa faute si on n'arrive pas à se fondre en elle, à faire en sorte que les taxis, les vieilles dames, les employeurs, les keufs, ne soient plus saisis d'effroi, et pendant que la République pérore sur ses valeurs séculaires, elle continue d'ignorer que c'est son regard, toujours incroyablement déconnecté de ses discours, qui fait de la minorité une communauté, plus de vécu et d'intérêts que de couleur, avec la méconnaissance comme matrice, le soupçon comme assise, histoire et culture à la fois, terreau acide sur lequel ta souffrance a germé, poussé haut, pour devenir, en quelque sorte, une identité, tant pis si c'est pas chouette, chacun grandit avec ce qu'on lui donne, c'est comme ça que ça se passe partout, la République peut raconter ce qu'elle veut, elle n'a pas su se rendre désirable, et tu n'en as rien à faire de ses grands auteurs, de ses beaux littérateurs, parce que ta gueule de Français noir n'est jamais dans ses livres.

Tout le monde en parle, de la communauté, de ta communauté, et toi qui la connais par cœur, tu te demandes pourquoi elle effraie tant, ce qu'on croit devoir en craindre, elle qui a tous les travers des gens d'ici, ce qui prouve qu'elle n'est de nulle part ailleurs, avec sa détestation du succès des siens, parce qu'elle pense que la seule réussite acceptable est celle des autres, son habitude de traquer chez les siens ses propres failles, parce qu'elle n'a pas la moindre confiance en ses capacités, sa jalousie, sa malveillance, qui te glisseront des peaux de banane – pourries si possible –, te chieront dans les bottes avec une surprenante détermination, pour que tu n'ailles pas trop loin, pas trop haut, que tu restes à croupir là où elle a planté sa tente, pour l'éternité semble-t-il, puisqu'elle attend que les autres lui donnent ce qu'elle n'a pas l'audace de conquérir par elle-même : des rôles dans leurs films, pour ne pas se fatiguer à tourner les siens, des emplois dans leurs entreprises, dont elle ne détient pas une miette du capital, et quand tu affrontes un défi, tu sais qu'elle est là, ta communauté, pour ne surtout pas te soutenir, ne faire que regarder, les bras croisés, pour voir jusqu'où tu avanceras sur ton chemin pavé de clous, tchiper quand tu trébucheras, parce qu'elle s'y attendait bien, parce qu'elle savait parfaitement que ce n'était pas la peine que tu te la pètes comme ça, que tu veuilles être autre chose qu'un machin noir rampant au fond des caniveaux où l'Histoire a vomi les tiens, que tu cherches à te réaliser, à inventer ta vie, à la vivre puissamment, avec panache, c'est toujours comme ça avec elle, cette communauté qui n'existe pas, qui n'est jamais là quand tu en baves, mais qui exige que tu partages avec elle tes gloires chétives, que tu lui distribues tes maigres deniers, qu'à toi seul tu redresses la Terre Mère, réhabilites ton peuple défait, que tu les venges dans chacun de tes actes, y compris les plus insignifiants, les plus intimes, et elle ne te remerciera pas, et elle ne te félicitera pas, parce que tu lui dois bien tout ça, à elle qui ne lit pas le journal que tu as créé pour parler d'elle comme nul autre ne le ferait, à elle qui n'achète pas tes disques, ni ne vient voir tes spectacles, à elle qui t'en veut d'être reconnu par d'autres quand elle a pris

33

soin de te mépriser, à elle qui sait se choisir un pseudonyme haut en couleur pour te traîner dans la boue de ses blogs communautaires, tu lui dois absolument tous tes efforts, à elle qui n'en prendra pas de la graine, qui ne saura pas se faire un levier des quelques trophées arrachés par la force de ton désir, de ton opiniâtreté à être autre chose qu'un cas social, une statistique de l'intégration ratée, un problème sans cesse posé, jamais résolu à force de n'être que ça : posé, dans des termes jargonneux qui font fuir les solutions, et ça continue, et c'est sans fin, et la communauté attend son Oprah Winfrey, son Barack Obama, son Spike Lee, son Denzel Washington, comme si les étoiles devaient s'engendrer toutes seules, jaillir du néant pour dispenser gentiment leur lumière à ceux pour qui la carence en estime de soi est la seule véritable limite, puisqu'on ne peut faire advenir que ce en quoi on croit, elle ne croit en rien, la communauté, en rien d'autre que le ressentiment et l'amertume qui, pour être fondés, parfaitement justifiés, ne sauraient constituer un projet de vie.

Tout le monde en parle, de la communauté, de ta communauté, et toi aussi, tu as des mots pour elle, tout le temps, parce qu'elle t'insupporte autant qu'elle t'est nécessaire, en dépit des coups fourrés, des maintes crasses qu'elle te fera encore parce qu'elle est comme ça, ta communauté, elle a la tendresse brutale, l'affection froide, corrosive, ses baisers pour ceux qui lui ressemblent sont fielleux, et tu voudrais ne pas en avoir besoin, ne pas rechercher sa compagnie comme un animal égaré à certains moments, pour lui confier ce qu'elle seule peut entendre, ici où ta parole n'est pas autorisée à s'élever quand tu veux aborder le sujet précis de ton existence de minorité, dire que tu en as parfois ras-le-bol, lorsque tu pénètres dans un lieu, d'être le seul Noir à se trouver là, dire que c'est quand même curieux que l'entre soi des autres ne soit jamais qualifié de *communautariste*, que c'est un peu malsain qu'ils soient si rétifs au mélange, qu'ils ne voient jamais aucun inconvénient à n'être

34

qu'entre eux, alors que c'est chez toi aussi, cet espace qu'ils veulent occuper seuls, que tu devrais toujours être à leurs côtés, et pas en singleton, et oui, en grappes, comme dans la rue, comme quand il faut payer l'impôt, comme quand il y a le feu, il n'y a qu'à la communauté que tu peux dire que ton mariage mixte est une bataille quotidienne, que les rapports intimes avec les autres ne sont jamais simplement intimes, qu'il arrive toujours un moment où on te demande si c'est différent entre Noirs, et si on ne te le demande pas vraiment, tu vois la question dans les yeux de l'autre quelquefois, trop souvent, il arrive même qu'on te la pose avant de t'approcher, de te toucher, on te demande si tu couches hors de ta communauté, bien sûr, en termes policés, mais c'est quand même ça qu'on veut savoir, pour mesurer à quel point tu es intégré, occidentalisé, un bon Français, pas dangereux pour la paix sociale, la tranquillité d'esprit du quidam, et si tu dis que ton amour du moment est noir, le regard change, s'assombrit un poil, s'enfuit très loin, tu deviens une sorte de Black Panther, parce que c'est bien d'aimer des Noirs quand on ne l'est pas soi-même, autrement, c'est un acte militant, *communautariste*, alors il est fréquent que tu fasses seul certaines sorties, pour ne pas les indisposer, ces petits chéris, en traînant avec toi un autre humain coloré, vous seriez un gang à vous deux, et tu ne signerais pas ton contrat, et tu ferais fort mauvaise impression, toi qui as déjà tant de mal à réaliser quoi que ce soit, tu dois tricher un peu, dissimuler une part de toi, celle qui ne peut s'exprimer que dans la communauté, parce que personne ne veut savoir qu'il y a une cadence singulière à ton cœur de pièce rapportée, si tu es né ici c'est idem, parce qu'ils ne savent rien de ta naissance qui date pourtant, ils te croient toujours venu d'ailleurs, tombé de quelque manguier lointain, échoué là, après que l'océan t'a largué en bordure de leur monde où tu n'es jamais entré, parce qu'ils te regardent encore de loin, se demandant qui tu es, comment il est possible que tu prétendes être des leurs, toi que ce pays n'a jamais rencontré, et tu sais bien que ton fils, si mignon à quatre ans, leur fera peur à quatorze, parce qu'il aura grandi, parce qu'il sera presque devenu un homme noir, tu ne peux pas leur dire que ça n'a pas de sens, combien c'est violent pour des enfants nés en France, que l'autre jour, il t'a demandé pourquoi vous n'étiez pas Blancs, ton fils de quatre ans, et tu n'as pas trop su quoi lui dire, tu as rigolé bêtement, bafouillé que c'était une question étrange, il n'y a qu'à la communauté que tu puisses raconter ces choses-là, elle connaît la chanson, quand tu danses, elle ne cherche pas à évaluer la quantité de rythme contenue dans ton sang, ni ton aptitude à le déverser sur le *dance floor*, elle bouge avec toi, elle ressent le son comme toi, et ce n'est pas un cliché, et ça fait partie d'un art de vivre, et c'est la vraie vie quelquefois, l'expression la plus aboutie de tout ce que tu veux être à un instant T, un corps vibrant, ce qui ne t'empêche pas de penser le reste du temps, peut-être même trop.

La communauté dont tout le monde parle parce qu'elle n'existe pas, parce qu'elle n'a pas de terroir, pas de souche dit-on, et certainement pas de culture, cette communauté-là ne se croit pas obligée de te dire qu'elle admire ta voix tellement particulière, ton timbre qui rappelle les champs de coton, jamais les champs de canne dont on ne veut toujours rien savoir, la communauté ne se croit pas obligée de s'écrier qu'elle adore ta peau qui prend si bien la lumière, qui renvoie magnifiquement les couleurs, toutes ces bêtises qui ne changent rien à l'état réel du monde, la communauté sait combien tu es seul tout le temps, avec le sentiment de passer des auditions en permanence, d'être toujours un peu sur la sellette, la communauté sait que tu souris en restant sur tes gardes, parce que tu doutes, parce que tu es peut-être totalement parano mais voilà, tu penses toujours qu'on pourrait vouloir te rouler dans la farine, te faire signer un traité qu'on ne respectera pas, tu es sûr qu'on parle de toi en ton absence, qu'on cherche le moyen de se servir de toi, qu'on se pose à ton sujet des questions qu'on n'osera jamais formuler en face, des fois, la communauté sait que tu deviens *antisocial, tu perds ton sang froid*, tu te sens déraper, glisser vers un *underground* plus enragé qu'engagé, où on fait semblant de recréer le monde, où on en longe seulement les marges les plus ténues, celles qui, au fond, n'ont pas de quoi faire vaciller ce système qu'on prétend combattre, tu sais que ça n'a aucun sens, aucune portée, parce que ça part d'une trop grande colère pour créer quoi que ce soit de positif, il y a trop peu d'amour de soi dans ces démarches, trop de frustrations, trop d'incompréhensions, trop de froides désillusions, trop de fragilité, trop d'*in-tran-quillité*, trop d'impossibilités de rejoindre l'autre, trop de choses qu'il ne voudrait pas entendre même si tu les lui disais calmement, un sourire aimable flottant sur tes lèvres… mais tu t'en fous, et foutu pour foutu, y a plus que ça, tu le sens bien, tu deviendras, toi aussi, une des figures de la colère inopérante, une fissure de plus au cœur de ce pays, si tu as une carte d'identité française pour aller aux States sans visa, pour te casser à Londres, ça ne change rien au problème, de toute façon on te doit bien ça : de pouvoir voyager sans être inquiété, tu aurais bien voulu que ça ait un sens, un vrai, cette carte d'identité qui fait rigoler les keufs, mais tu estimes ne pas avoir à définir toi-même ce sens, ce n'est absolument pas ta faute, si ça se passe comme ça, si le pays se réveille trente, quarante ans trop tard, s'il ouvre les yeux de mauvaise grâce et ne sait quoi te proposer, alors que tu as tant attendu, si peu agi, mais tellement attendu, parce que tu n'avais pas compris que ce serait une bataille d'appartenir à ton lieu de naissance, tu n'avais pas préparé ton armure, les as pris, les coups, tous les coups, c'est pourquoi, certains jours, une fièvre s'empare de toi, tu voudrais n'être environné que de Noirs, comme là-bas où tu n'es pas né, où on ne te connaît pas, où tu n'iras pas, alors, tu t'inventes comme tu le peux ici, tournes le dos au pays tout en y

demeurant, consolides la communauté, ton dernier rem-
part, ton unique appel d'air, convaincu que la glace ne sera
jamais brisée, qu'on n'aura jamais vidé son sac, qu'on ne
pourra jamais vivre ensemble, il n'y a qu'avec la communauté que tu peux pousser le cri que tu réprimes le reste du
temps, si tu ne pouvais pas râler un coup, tu en crèverais,
parce que tu as ce truc en plus, tu voudrais voir les choses
autrement mais c'est comme ça qu'elles sont, tu ne peux pas
laisser ta couleur dans le confort de la sphère intime, tu
l'emmènes partout avec toi, pour te décrire on est bien
obligé de dire le mot : noir, et ce n'est pas toi qui en as fait
toute une affaire, ce sont les autres, ceux qui n'ont pas de
couleur, ceux qui disent *black* pour adoucir l'embarras et
qui, à force de prétendre ne pas distinguer ta pigmentation,
ont fini par ne pas te voir du tout, toi l'individu.

Femme in a city

SUMMER SOON

Bientôt l'été. Ce n'est pas seulement à la hausse des températures qu'on s'en aperçoit. Ce n'est pas uniquement parce que les jours sont plus longs, plus lumineux. L'été est dans les pupilles des hommes. Dès qu'il approche, ils n'ont d'yeux que pour les femmes noires. Même ceux qui n'en ont rien à faire habituellement. C'est comme ça. Une espèce de réaction chimique au soleil, à la lumière. Une fièvre chronique, sorte de malaria parisienne.

Puisque ce n'est pas encore le moment de prendre ses vacances annuelles, chacun cherche, à sa façon, un léger avant-goût de fête à se mettre sous la dent, un en-cas épicé, une pâtisserie saupoudrée de sucre brun. Ils se mettent tous seuls en appétit, et quand ils viennent, ils ont déjà tellement fantasmé qu'il suffit de leur souffler dessus pour qu'ils s'envolent. Ce n'est pas vraiment gratifiant.

Quand l'été s'annonce, même les moins jolies d'entre nous ont leur chance. Il n'y a rien de spécial à faire, rien d'autre que sortir dans la rue. Ils sont là. À l'affût. La tête farcie de délires exotiques. C'est le bon moment pour celles qui sont au pain sec et à l'eau depuis longtemps, celles qui n'ont plus touché un homme depuis des lustres et qui doivent se remettre en selle. Le champ des possibles est vaste, pour celles qui ne sont pas tombées de la dernière pluie. Pour les autres, les choses peuvent se révéler compliquées.

En fonction de l'endroit où on se trouve dans la ville, ces messieurs ont des accroches différentes – c'est plus simple de le dire comme ça. Dans le quartier de la Bastille ou dans les environs de Beaubourg, ils ont une allure d'artistes, un appareil photo, ils sont déjà bronzés parce qu'ils voyagent beaucoup au soleil, disent rechercher des modèles pour un défilé, des visages pour un casting, savent parler aux belles Afropéennes branchées qui aimeraient que le monde les connaisse. Ils roulent en Austin mini, se déplacent en scooter, certains font du roller. Ils sont relax, presque nonchalants. Ils ont du temps. Il est possible de faire un essai tout de suite. C'est ce qu'ils proposent. La photo est réalisée *on the spot*. On peut la voir tout de suite. On sourit. C'est tellement chouette, la technologie.

Généralement, ce cliché pris dans la rue est de qualité moyenne. Oui, le numérique, c'est bien, mais l'argentique, c'est plus artistique. Davantage en mesure de capturer la beauté. Et la lumière n'est pas terrible, là, dans la rue. Et c'est toujours préférable de créer une situation, un décor. Comme Goude avec Grace Jones. Il vaut mieux faire ça en studio. C'est ce qu'ils disent. Il faut essayer des choses, prendre son temps. Justement, ils ont le temps. Tout de suite. Demain alors ? Pas d'urgence. *No stress.* Si on les suit, on découvre que le studio, c'est aussi là qu'ils habitent. C'est tout près. Le gars de la Bastille est très décontracté, mais lui seul a la clé de l'endroit, et il n'oubliera pas de verrouiller la porte.

Du côté du Champ de Mars, les fauves urbains portent un costume strict, de couleur sombre, avec une chemise bleue. Les dandys arborent des boutons de manchette en nacre. Ils ont les mains manucurées, sûres quand elles tiennent le volant. Ils garent leur berline en double file dès lors qu'ils repèrent les femmes, leur adressent des signes empressés de la main, ont l'air affolé de celui qui a perdu son chemin, qui est en retard pour un rendez-vous important, qui pourrait bien louper l'affaire du millénaire.

C'est ce qu'elles imaginent quand on ne leur a pas encore fait le coup. La bonne âme en elles accourt naïvement, la fille bien élevée se penche, explique, il n'a pas l'air de comprendre, c'est là qu'elle monte, pour mieux lui indiquer le chemin, et à ce moment précis, elle comprend qu'il est déjà sur son chemin. Depuis longtemps. Il faisait des tours du quartier, ceinturait la zone, passait et repassait devant le

CIDJ, le Musée du Quai Branly, faisait son marché du regard, soupesait, tâtait, imaginait déjà ses gestes à lui, et même, l'éventuelle crispation de la jeune femme. C'est ça, l'épice : la conquête ; l'exercice du pouvoir.

Les hommes du Champ de Mars cherchent de jeunes femmes. Des primo arrivantes venues faire leurs études. Elles sont propres, lisses, avec un parfum tropical, cette saveur qu'ils ont déjà sur le bout de la langue, ce goût que leur ont laissé des séjours d'affaires en Afrique centrale. Elles se rendent au CIDJ pour chercher un petit boulot, une chambre contre services. Elles fréquentent le Musée du Quai Branly parce qu'il contient des objets qui leur rappellent le pays. Dans la librairie, il y a les livres de *Présence africaine*.

Quand elles montent dans la berline pour indiquer le chemin qu'elles croient un peu connaître, l'homme est déjà sur sa voie à lui. Très vite, sa main est sur leur jambe. Très vite, il les tutoie. Très vite, sa main soulève la jupe, glisse entre les cuisses. Il regarde la chaussée, le souffle déjà court. Il a passé un bon moment à rouler dans le quartier, il faisait son marché du regard, soupesait, tâtait, répétait déjà ce geste, l'enfouissement brutal de la main droite entre les jambes d'une jeune femme subsaharienne. L'insertion des doigts : l'index et le majeur. Si la jeune femme est réactive, elle se servira de son sac à main pour le frapper au visage, ouvrira la portière en l'injuriant. La plupart du temps, elle ne l'est pas. Elle est seulement stupéfaite.

Il y a aussi les inattendus. Les autres le sont également, mais ceux-là n'ont pas de terrain de chasse privilégié. Ils se laissent envahir par une émotion soudaine. L'imprévu les émeut. Une fille sort d'un grand magasin le premier jour des soldes, une amie l'accompagne. Elles parlent, rient. Elles ont fait quelques emplettes. C'est là qu'un inconnu s'approche. Il est poli. Un peu embarrassé. Il ne veut pas s'imposer, sourit timidement. Les filles sont occupées. Alors, il tend sa carte. Elle lui téléphonera si elle le souhaite. C'est elle qui décide. C'est elle qui choisit. Avec ces hommes-là, il n'y a pas de violence. Aucune brutalité. Ce n'est pas leur genre.

Ils ne disent pas qu'ils ont longtemps vécu en Afrique, aux Antilles, que l'été fait naître en eux une sorte de nostalgie. Ils ne disent pas que la fille à qui ils ont laissé leur carte ne les intéresse que parce qu'elle rappelle une autre, dix autres. Elle n'existe pas. Elle est un support. Un instrument mémoriel, émotionnel. Ils ne disent pas non plus qu'ils sont mariés. La fille le saura fin août, quand l'épouse et les enfants rentreront de vacances. Alors, il deviendra difficile de se voir. Alors, elle tombera souvent sur une voix féminine en téléphonant, même sur le portable. Elle ne laissera pas de message.

Sans trop savoir comment, elle aura la certitude que l'épouse n'est ni d'Afrique, ni des Antilles. Pas même de loin. Elle s'apercevra, en y pensant, qu'elle n'est jamais allée chez lui. C'était toujours lui qui venait dans son petit appartement. Il aimait ça. L'étroitesse. La précarité. Les parfums de piment et de gingembre qui flottaient dans ces lieux parce que la cuisine n'était pas séparée de la pièce à vivre. Tout cela faisait partie du souvenir. Il dévorait ses petits plats épicés, mangeait avec les mains, racontait ses aventures au loin.

Comment il avait été circoncis de force lors d'un voyage dans le Sahel, par des rebelles le prenant pour un espion à la solde du régime en place. Les choses étranges qu'il avait vues dans la forêt du Gabon, des choses qui ne s'expliquent pas rationnellement, même pour qui ne croit pas aux esprits. Elle écoutait. Il avait tant vécu. Fin août, elle se rendra compte qu'il n'y avait pas de place pour elle dans une existence déjà si remplie qu'il ne restait plus qu'à la revivre, refaire mentalement le chemin en sens inverse. C'était ce qu'il faisait. Bientôt l'été. Pour certaines, le temps va se couvrir.

On ne se fait pas

Assez d'entendre ça Partout tout le temps C'est d'une violence insoutenable Incroyable qu'on entende ça partout Tout le temps même les bouches autorisées militantes affligées compatissantes expulsent ce crachat Partout Tout le temps comme si les mots n'avaient pas de sens Comme s'il était possible d'exprimer les choses n'importe comment comme si la vérité allait de soi comme s'il n'était pas utile de l'énoncer clairement Sans équivoque dire une fois pour toutes et qu'on l'entende une fois pour toutes qu'on l'imprime une fois pour toutes Que non non On ne se fait pas on ne se fait pas violer On ne se fait pas On ne se fait pas On ne se fait pas violer On est violée On est on est on est violée on ne fait rien on est C'est l'autre qui fait Le viol c'est l'autre qui le fait Personne jamais Ni dans la brousse ni dans les buildings ni dans les champs *ni* dans le métro ni dans la savane ni sous les porches ni après un premier dîner ni même chez soi Dans aucun des cas précisément parce qu'il n'en est pas question personne jamais ne Se fait violer

SORORITÉ

Tssst. Dans ces cas-là, ne nous cachons pas la vérité, tu te débrouilles toute seule. J'ai vécu ça. Si, si, je t'assure. Dans la boîte où je bossais avant d'être embauchée ici. J'aimais beaucoup mon travail qui, pour une fois, correspondait à mes compétences, à mes aspirations. Et le salaire suivait. La belle vie, en somme. Ils m'avaient prise en intérim, avant de me faire signer un CDI. Je faisais des projets d'avenir, envisageais un premier achat immobilier. Un investissement locatif qui m'aurait permis d'accroître mon patrimoine et d'acquérir, quelques années plus tard, ma résidence principale. Pour ne pas être reléguée dans les marges les plus reculées du grand Paris, il faut avoir une stratégie. C'est vrai, bien des endroits vont prendre de la valeur au-delà de la petite ceinture, mais moi, c'est intra-muros que je souhaitais acheter, et pas à Château Rouge. Donc, l'idée était de faire un investissement locatif qui s'autofinancerait quasiment, et de vendre le moment venu. J'avais vingt-huit ans, c'était le bon moment.

Enfin, tout allait bien dans cette entreprise. Tout. Sauf les relations avec la gent masculine. Tout. Sauf les tensions sourdes avec les collègues femmes. Le lundi matin, de façon systématique, alors que les responsables des services faisaient le bilan de la semaine écoulée et recevaient des directives concernant les objectifs à atteindre, le DG faisait des remarques sur mon physique. Des commentaires explicites et appuyés. Une fois, il est allé jusqu'à demander quand on me verrait en bikini. Dois-je préciser que je ne me présentais pas au bureau court vêtue et qu'il n'y avait, a priori, aucune raison pour qu'il veuille me voir, plus qu'une autre, en petit maillot de bain deux pièces ? On souriait, autour de la table, quand on ne s'esclaffait pas tout bonnement. Je suppose qu'il est normal d'imaginer une femme noire nue.

Tu sais que nous n'avons jamais quitté la jungle. Même les femmes riaient, oui. Du moment que ce n'était pas d'elles qu'on se moquait. On peut, on doit même, rire de tout avec le boss, surtout si on est une femme. L'être féminin, dans ce pays, est une petite chose qui minaude, glousse et pleure.

J'avais une collègue qui fondait en larmes tous les lundis, si on lui faisait des reproches. Elle n'était pas vraiment peinée, loin de là. Elle avait développé des capacités lacrymales lui permettant de recourir, au moment opportun, à l'éternel féminin. Elle convoquait sa fragilité, son incapacité à s'en sortir sans le secours du mâle. Et, pour le coup, elle savait mettre en avant ses atouts mammaires et tous les autres. Elle torturait les hommes – cessons de dire que ce ne sont pas des primates, c'est malheureusement le cas. On voit s'opérer de drôles de mutations, le genre masculin en particulier se trouble beaucoup, mais l'évolution est lente, et rien n'indique qu'elle sera favorable aux femmes.

Pour en revenir à cette collègue, jamais personne ne lui a demandé quand elle se présenterait au bureau en bikini. Je peux te dire qu'elle n'en foutait pas une, et que son poste n'était nullement menacé. On disait qu'elle tenait le DAF – le directeur administratif et financier – par les bourses, au sens propre comme au sens figuré. Ils avaient eu une histoire, le malheureux avait eu la faiblesse de lui envoyer des courriels pressants et un peu chauds.

La séduction fait partie du mode de vie français. Certaines femmes l'utilisent à leur avantage, ne font rien d'autre, d'ailleurs. Je n'avais pas d'empathie particulière pour le DAF, qui ne valait pas mieux que le DG. Le pire avec lui, c'était qu'il n'y avait jamais de témoins. C'était un roublard. Il attendait que je sois seule avec lui pour me faire des propositions déplacées. Sa mésaventure avec la collègue qui le faisait chanter ne lui avait pas servi de leçon. Il devait se dire que personne n'était au courant. Ou alors, ça le grisait de prendre des risques. On ne sait pas ce qu'ils ont dans la tête.

Enfin, ce que je veux te dire, c'est que les femmes de l'entreprise ne m'ont pas soutenue quand j'ai commencé à me plaindre. Elles trouvaient amusante cette histoire de bikini, avaient décrété que je manquais d'humour. Quand j'ai parlé du DAF qui arrivait à me salir rien qu'en me regardant et qui me demandait, entre autres, de venir m'asseoir sur ses genoux – je quittais aussitôt les lieux –, l'une d'elles m'a dit que je devais m'estimer chanceuse d'attirer autant l'attention de ces messieurs. Voilà ce que pensent les femmes autour de toi quand tu affrontes ces situations : que tu as du pot. Les femmes n'aiment pas les femmes, c'est ce que tu dois garder à l'esprit. Le jour où j'ai prononcé le mot de harcèlement, c'est une femme qui m'a dit : *Le harcèlement, c'est quand celui qui te courtise ne te plaît pas. Si tu le trouves à ton goût, tu vois les choses différemment.* J'ai compris qu'il aurait été vain d'ester en justice. Personne n'aurait témoigné en ma faveur. Je me serais embarquée dans une procédure longue et épuisante nerveusement, sans la moindre garantie.

J'ai démissionné. Impossible de retrouver un emploi équivalent depuis. Inutile de te dire que je n'ai toujours pas réalisé mon investissement locatif, puisque je gagne moins bien ma vie qu'en ce temps-là. Non, non. Je ne viendrai pas témoigner. Je ne veux pas m'exposer. Mais je te soutiens, évidemment. Je suis passée par là…

ÉGALITÉ

Je ne veux plus qu'on m'aime Qu'on me sourie Qu'on m'invite au restaurant Qu'on me tienne la porte Qu'on m'offre des fleurs Je m'en fous Oui Je m'en fous Parfaitement Je ne veux plus qu'on m'aime Si je ne peux pas me loger travailler me réaliser arriver tout en haut Je ne veux plus qu'on m'aime si je ne suis pas dans les livres d'Histoire dans les livres tout court À la tête des institutions et de tout ce qui a une tête Je m'en fous qu'on me Courtise Qu'on me trouve sensuelle avec ma voix grave ma cambrure ma peau ambrée mes fesses rebondies ma peau d'ébène mon port de tête ma peau mes jolies tresses ma peau et tout le reste Qui n'est pas moi d'ailleurs mais c'est un autre débat Je ne veux plus qu'on trinque Qu'on se taille une bavette Qu'on se fasse une raclette Ni rien J'en ai soupé de la fraternité sans égalité Ce serait quoi la fraternité si ça ne marchait pas avec l'égalité Ce serait quoi la fraternité ce serait quoi à part une plaisanterie douteuse La fraternité si ça ne marchait pas avec l'égalité

Ce n'est pas compliqué. En fait, c'est même hyper simple. Pourquoi ça ne marche pas entre eux et nous, pourquoi ça ne va pas s'améliorer. Les raisons sont diverses, mais tournent essentiellement autour de deux axes : soit on leur rappelle leur mère, soit on ne lui ressemble pas assez. Premier cas : ici, le problème se pose avec ceux qui ont été élevés par une héroïne, une femme qui savait tout faire sans avoir rien appris, une infatigable, pieuse et autoritaire, bien sûr abandonnée par le père de ses sept enfants, qui s'est écorché les genoux à cirer des parquets, usé les méninges à trouver le moyen d'économiser un quart de sou ici, un huitième de centime là, un être exceptionnel qui a su braver les manques les plus cruels, préparer, en toute circonstance, des repas variés et savoureux, témoigner de la tendresse à sa marmaille, être là pour chacun de ses rejetons, toujours, tout le temps, et qui n'a jamais oublié de se vernir les ongles, de s'enrouler les mèches dans des bigoudis, même si elle n'a pas refait sa vie, étant donné que sept gamins, ça vous occupe la plus héroïque des femmes.

Il suffit qu'ils imaginent trouver un peu de cette force de caractère chez nous pour qu'ils se débinent. On peut être le fils d'une héroïne, pas son compagnon. Cette femme-là n'a besoin de personne, puisqu'elle se débrouille très bien toute seule, même si elle ne l'a pas cherché, même si elle aurait préféré qu'il en soit autrement. Aucun homme ne la désire. Sa grandeur la rend inatteignable, sa perfection est castratrice. Deuxième cas : là, les difficultés sont autres. Le problème, cette fois, c'est que, à l'inverse de la mère vénérée, on n'est pas la fée du logis, on n'éprouve pas de passion particulière pour le repassage, on n'est pas une cuisinière émérite, on ne sait pas coudre et on vit bien avec ça, on n'hésite pas, les jours de spleen, à se présenter au monde débraillée, en vieux jean froissé, en t-shirt informe et, par-dessus le marché, il se peut qu'on entretienne avec l'argent une relation simple qui veut qu'on le dépense tranquille-ment tant qu'il y en a.

Leur mère est précisément le contraire, elle incarne, à leurs yeux, le féminin dans sa magnificence. Il est tout simplement hors de question de vivre avec une personne incapable de la suppléer quand elle sera allée manger les pissenlits par la racine. Parfois, l'affaire se corse. Une troi-sième situation se présente alors, dans laquelle les choses se déroulent comme suit : non seulement on n'a, de l'héroïne, que les travers bien connus – autorité, orgueil, une certaine propension à vouloir tout décider –, mais on n'est décidé-ment pas la fée du logis, on ne sait vraiment pas coudre un bouton. Aucune chance. Pas la peine de s'étendre sur le sujet. Le quatrième cas est assez subtil. Ici, on est parfaite. Absolument pas en raison de nos nombreuses qualités, mais uniquement parce qu'on est une femme noire. Disons-le clairement, quand ils veulent une femme noire – pas une femme –, c'est généralement qu'ils ont une revanche à pren-dre sur l'Histoire, la vie, la société qui les méprise, et qu'ils se cherchent un territoire sur lequel régner. La femme noire est ce royaume. Son langage, son attitude, sa coiffure, sa manière de se vêtir, doivent restaurer les gloires passées, ramener l'âge d'or où l'homme noir n'était pas dominé. La femme noire, pour cet homme, n'est qu'une image dans un livre. Elle n'acquiert de l'épaisseur que quand il en a besoin. Autant dire que ce cas de figure n'apportera que d'infimes satisfactions, de bien maigres gratifications, à celle qui s'y sera exposée.

Au vu de ces éléments objectifs, je propose de nous sou-mettre illico au principe de réalité : ne surtout pas faire de fixette sur les hommes noirs. La meilleure solution, quand on est une femme noire dans cette société extrêmement concurrentielle du point de vue de l'offre féminine, c'est d'abandonner ces messieurs aux femmes blanches et aux autres qui, elles, ne leur rappellent personne, ne seront jamais en compétition avec l'image maternelle, et ne sont pas outillées pour devenir les instruments de la renaissance afro. Hors cet abandon, point de salut. Lâchons prise. Aimons ceux qui peuvent nous aimer. D'autant que les autres, les femmes blanches surtout, sont capables de choses qui nous sont désormais impossibles. Inconsciemment pénétrées de l'idée que les hommes noirs sont des handicapés historiques, elles n'en attendent pas beaucoup plus qu'une présence quotidienne et des performances sexuelles. Quand on pourrait parier sans risques qu'une femme noire instruite n'imaginerait pas faire sa vie avec un homme dépourvu de bagage intellectuel, nos frangines caucasiennes ne se laissent pas démonter.

Elles croient en leur potentiel, là où il nous suffit d'un regard pour affirmer que le gars n'ira pas loin, qu'il a déjà atteint ses limites, et que ça ne le dérange pas. Elles savent défricher un terrain stérile pendant des années, et ne renoncent pas toujours. Elles tolèrent qu'ils s'expriment dans un français précaire qui nous hérisse le poil, parce que, celles d'entre nous qui ont des diplômes souhaitent trouver un compagnon doté d'une culture générale acceptable. La sagesse ancestrale ne nous suffira pas, elle ne nous impressionne nullement, nous en avons, nous aussi, reçu des tonnes en héritage, et nous n'avons pas envie de payer les factures, les vacances, tout ce qui se paie, uniquement pour nous assurer de voir un pantalon déambuler dans les couloirs de l'appartement… Ajoutons que l'homme noir instruit, s'il n'a pas été traumatisé par une figure maternelle omnipotente, aura vite évalué les forces en présence dans la société et fera, pour y être accepté, les choix amoureux qui s'imposeront. Ces choix ne se porteront pas souvent sur nous. Or, tout le monde a besoin d'amour, c'est ce qu'il faut se dire. Tout le monde est en droit d'attendre le meilleur de la vie. Eux comme nous. Une fois qu'on a compris ça…

Conformité

Ça ne sert à rien les régimes ça ne sert à rien si c'est pour plaire aux hommes parce que : regardons les choses en face Les femmes les plus minces sont trompées quittées comme les autres pleurent comme les autres pour les mêmes raisons que les autres Celles qui luttent au quotidien pour ne pas prendre un gramme Celles qui se pèsent tous les matins On leur ment aussi on leur soutire de l'argent à elles aussi on les rend chèvres elles aussi on leur laisse les tâches ménagères on les épuise Et on se lasse d'elles aussi Ça ne sert à rien les régimes Les femmes les plus conformes à la norme on leur ramène des maladies à la maison à elles aussi on leur fait des enfants dans le dos à elles aussi Parfois on les bat Parfois elles en meurent Parfois on ne les touche plus on ne les désire plus Parfois elles ne sont que l'autre femme Celle qu'on voit de temps en temps Celle qu'on laisse seule pour rentrer chez soi Les femmes conformes et minces Il y en aura toujours une plus jeune Un corps nouveau Une chair différente à goûter Un parfum inconnu à humer Et quelquefois elles n'ont pas de sex-appeal Elles ne sont pas toujours plus belles les femmes conformes

SILENCIEUSES

Elles sont assises dans le métro, la peau un peu fripée, les tempes grises. Elles tiennent un petit cabas coloré, un filet pour ranger les courses. Elles vont faire le marché, là où elles savent que ça ne coûte pas cher. Elles sont seules ou avec une amie du même âge, mais le plus souvent, elles sont seules. C'est ce qui attire mon attention. Cette solitude. Je n'ose m'approcher, poser toutes les questions qui me viennent à l'esprit. Alors, j'imagine. Je les revois, ces femmes, quand elles avaient dix-huit ans, vingt ans, et qu'il a fallu prendre le bateau. Il faisait froid quand elles sont arrivées. Peut-être pas, mais peu importe, il fait toujours froid quand on pose son baluchon dans un lieu qu'on n'a pas choisi. Quand il faut baisser la tête, se taire, obéir. Quand la famille est loin et qu'on ne connaît personne. Elles sont venues pour travailler. C'est ce qu'elles ont fait. Dans les maisons, les hôpitaux, plus rarement dans les bureaux de poste. Parfois, au bal, elles ont rencontré un homme, venu comme elles des Antilles. Ça pouvait être à l'église aussi, ou à la poste, quand on les envoyait déposer le courrier. Quelquefois, elles ne se sont pas mariées. Elles étaient plus nombreuses que les hommes de leur île, et toutes n'ont pas osé céder, quand cela s'est présenté, aux avances d'un homme d'ici, à celles d'un Subsaharien qui avait, lui aussi, quitté son pays. Elles ont seulement travaillé, puis elles ont vieilli. Elles sont en train de s'éteindre sans bruit. Elles n'ont pas de petits-enfants auxquels raconter leur histoire. Comment était la vie quand elles étaient plus jeunes. Elles n'ont pas gagné beaucoup d'argent. Elles ont toujours vécu avec peu, avec rien, touchent une petite retraite. C'est pour ça qu'elles connaissent les endroits où on ne paie pas cher. Pas trop cher. Tout a tellement augmenté. Il faut parcourir de longues distances, sortir de la ville même, pour gagner ces lieux. Elles prennent leur temps. Ça les occupe une bonne partie de la journée. Dans le métro où je les croise, elles se tiennent droit. Elles peuvent avoir sommeil, s'assoupir, mais elles ne s'avachissent jamais. Leurs vêtements sont hors du temps, toujours propres et bien repassés. Elles portent des bas ou des chaussettes, même s'il ne fait pas froid, parce qu'il fait toujours froid. Leur mise est digne. Tout dans leur attitude évoque une autre époque. Un temps où les pauvres savaient être élégants. C'était important. C'est tout ce qu'on peut dire en les voyant. C'est important d'avoir l'air respectable. Je me demande à quoi elles pensent, si elles entendent les paroles d'une chanson oubliée. Une chanson d'avant le bateau. Une chanson partagée par des fillettes, du côté d'Anse Bertrand. Un cantique. Un chant de carnaval. Elles sont parfois retournées aux Antilles, mais jamais longtemps. Elles n'y avaient plus de place. Ne s'y sentaient plus à leur place. Elles sont assises dans le métro. Je les regarde avec attention. Je les regarde pour tous ceux qui ne les voient pas, qui ne les ont jamais vues. Peut-être que je me trompe sur toute la ligne. Je ne sais rien d'elles, ne fais qu'imaginer. Je sonde des yeux les sillons qui leur courent sur les joues, les plis de la peau sur le dos de la main, pour tenter d'extraire des miettes de mémoire silencieuse, comme interdite. Je voudrais les voir dans un téléfilm. Les lire dans des romans. Leur histoire n'intéresse personne. Elle n'est pas consignée dans les annales. Elle est en train de s'effacer sans bruit, comme une page qui se tourne. On ne saura rien.

PROJECTIONS

Je ne veux pas choquer en le disant Je ne veux pas choquer en disant qu'il est ardu voire impossible dans le contexte actuel Je ne voudrais pas choquer D'ailleurs je tiens à m'excuser d'avance Mais je pense que le climat ne permet pas Qu'il interdit même Le climat qui prévaut en France aujourd'hui Ce climat-là mais aussi l'Histoire d'où nous venons tous Enfin un tas d'éléments compliquent ce type de projections Plus on nous les impose plus elles sont difficiles J'hésite à le dire Et je veux m'excuser d'être enracinée dans l'Histoire d'avoir jailli de cette Histoire ténébreuse peu glorieuse On ne peut pas trop en parler On doit tout ravaler refouler Il est ardu voire impossible dans le contexte actuel mais aussi parce qu'il y a l'Histoire et ses représentations l'Histoire et ce qu'elle a imprimé dans les esprits l'Histoire qu'on sait sans la dire et la réalité qui en découle Je ne veux pas choquer Je demande pardon mille fois Pardon d'être mais je vois mal comment une femme noire pourrait D'ailleurs si on inversait la proposition on se rendrait compte qu'une Blanche non plus ne peut pas Elle ne peut pas vraiment s'identifier à une Noire Elle parviendrait peut-être à comprendre la femme – étant donné qu'en France aucune femme noire ou blanche n'a la stature d'une OPRAH ce qu'il convient de méditer Mais elle ne comprendrait pas la Noire Nous le voyons tous les jours avec nos amies blanches Il y a des choses qu'elles ne saisissent pas Des sujets qui les agacent Or la Noire est là Avec l'Histoire La couleur n'est pas sans Histoire Sans cette Histoire En France la Noire est fille de figures problématiques Je ne veux pas choquer blesser cliver culpabiliser égratigner la paix écorcher la tranquillité Mais quand même il faut bien voir que la femme noire de France n'a eu pour se rêver s'élever que les bananes les grimaces les roulements d'yeux de JOSEPHINE la nudité mise en cage de

GRACE qui n'étaient pas françaises Les Françaises noires n'étaient pas assez bien Je ne veux pas choquer en précisant qu'il leur a fallu jouer les sauvages Il leur a fallu jouer les sauvages pour arriver en haut de l'affiche Il leur a fallu jouer les sauvages émoustiller le désir malsain qu'on avait de la sauvage pour arriver en haut de l'affiche Il leur a fallu jouer les sauvages émoustiller le désir malsain qu'on avait de la sauvage Habiter une Afrique fabriquée par la pensée raciste pour arriver en haut de l'affiche et gagner leurs galons d'icônes On n'a pas pu s'identifier à elles qui étaient autres Construites comme autres Les précédant sur cette scène Les précédant dans l'imaginaire collectif il y eut SAARTJIE la Vénus montrée moquée la Vénus taillée en pièces la Vénus qui ne fut pas vénérée pas divinisée seulement montrée moquée taillée en pièces En son temps elle fut la femme noire la plus célèbre de France Avant elle on ignore ce qu'il y avait Avant elle ici en France On s'est peu identifiée à elle Leur succédant sur les planches de ce théâtre festif il y eut LISETTE désormais oubliée effacée parce que française Pendant quinze ans l'incarnation de la femme noire Dénudée elle aussi Un corps elle aussi Elle n'a pas démérité elle non plus Elle avait LISETTE MALIDOR une parole française à dire Elle ne l'a pas dite Elle aurait voulu Elle a essayé La femme noire de France n'a eu pour se penser s'envisager se découvrir se définir que des figures dansantes chantantes Dévêtues puis couvertes d'exotisme habillées de fantasmes La femme noire de France n'a été que saturée de stéréotypes Bien sûr nous avons eu nos mères Les mères intimes Parfois cela a pu aider Pas toujours Nos mères intimes n'existaient pas pour Marianne la mère sociale la marâtre républicaine Leur parole n'était pas toujours plus forte que les images les injonctions subliminales de la société Ce qui nous a aidées C'est l'Amérique noire Tourner nos regards vers l'Amérique qu'on dit tellement raciste Ce qui nous a aidées C'est l'Afrique ses reines ses amazones ses grandes prêtresses L'Afrique Terre Primordiale L'Afrique territoire mental spiriuel où nous nous réfugions Certaines d'entre nous Parce qu'il est impossible de se construire sans admirer de se construire dans une société ne vous proposant que des places de seconde catégorie Dans le contexte actuel où évoquer ces questions vous expose négativement Comment une Noire pourrait-elle s'identifier à une Blanche Nous essayons Nous tentons d'enseigner à nos filles qu'il faut saisir l'essence de l'être sa substance intérieure Appréhender les profondeurs Mais cette ère est celle de l'image Elles cherchent des images Nos filles Elles cherchent des miroirs Leurs étoiles dans le ciel de France L'empreinte de leurs pas sur ce sol de France Leur légitimité sur cette terre de France Leurs références Leurs héroïnes dans les colonnes de l'Histoire de France Elles cherchent des modèles visibles incontestés Qui ne dansent pas forcément Qui ne chantent pas nécessairement qui n'ont rien à voir avec la jungle Nous essayons Quand elles demandent par exemple pourquoi il n'y a pas de comédienne noire dans *L'amour la mort les fringues* Nous ne savons quoi dire Comment expliquer à nos précieuses à nos filles que ce soient toujours les mêmes qui aient l'obligation de saisir la substance l'essence Toujours les mêmes qui doivent se projeter Toujours les mêmes qui doivent se souvenir qu'il n'y a qu'une seule humanité Une seule humanité Toujours les mêmes qui doivent s'identifier Je ne voudrais pas choquer Je demande pardon mille fois Pardon d'être Mais le climat qui prévaut actuellement en France ne permet pas interdit même ce type de projections Je ne veux pas choquer mais Nous ne faisons pas La pluie et le beau temps dans ce pays Ce n'est pas nous Les dérèglements climatiques Ce n'est pas nous

TRANSMISSION

Une fille bien ne s'assied pas les jambes écartées Même à Paris où tu vis Une fille bien ne sourit pas tout le temps Tu ne dois pas laisser croire que tu t'offres aisément Une fille bien ne pleure pas sans raison Les larmes de la femme sont précieuses Tous les fluides de la femme sont précieux Ne les laisse pas s'écouler pour rien Ne fais jamais l'éloge d'un homme même si tu l'aimes surtout si tu l'aimes Il s'empressera de te décevoir Une fille bien écoute sans trop parler La femme doit gagner son propre argent L'argent de la femme lui appartient La femme doit avoir sa maison Pour elle et pour ses enfants Les enfants qui sortent du ventre de la femme sont ceux du mari même s'il ne les a pas faits Seuls les enfants nés d'une même mère sont frères et sœurs Les autres sont les enfants du père On ne leur fait pas de tort mais ce n'est pas pareil La première chose à faire dans une maison c'est de connaître les directions Quand on s'installe dans une maison il faut savoir ça Pour prier Les prières de tous les jours se font vers l'Est On prie aussi dans les autres directions mais c'est pour des cas bien précis S'il y a un problème grave tu pries avant le lever du jour Tu t'agenouilles en signe d'humilité Tu fais brûler ce qu'il faut Tu appelles notre Mère Toujours la Mère en cas de coup dur Ce n'est pas différent parce que tu vis à Paris N'oublie pas le sel et le vinaigre Tu sais quoi faire avec En fin d'année En début d'année tu te laves avec des herbes Tu passes par le corps pour laver ton âme Quand tu sens que quelqu'un te cherche des noises tu te laves de la même façon Fais-le pendant une semaine si la situation l'exige Alors tu ne sors pas de chez toi Personne ne te voit Tu pries et tu te laves Tu connais les herbes Depuis que tu es petite tu les connais Tu sais où les trouver à Paris Si tu ne veux pas aller dans le 18ème pour te les procurer tu connais cette boutique dans le 6ème Ils vendent de l'encens du camphre des bougies Ils ont aussi des savons spéciaux C'est mieux que rien N'achète pas leurs livres de sorcellerie-là Ce n'est pas parce qu'ils sont blancs qu'ils s'amusent Ils connaissent le Mal Ils savent faire le Mal La connaissance du Mal est la chose la mieux partagée du monde Apprends par cœur les psaumes 5 9 23 35 91 121 et 140 Ce sont des armes Ce sont des boucliers Couvre-toi la tête quand tu te rends au culte Habille-toi comme pour un jour de célébration Ne ramasse rien à un carrefour Des forces néfastes s'y croisent Tu peux y jeter quelque chose En début d'année En fin d'année Si quelqu'un t'a fait du mal Tu peux aller au carrefour et jeter ce qui symbolise ce mal Ne te retourne pas Tu le jettes dans ton dos et tu avances Les carrefours de Paris sont peut-être plus dangereux que d'autres C'est une vieille cité Ne quitte jamais ta maison sans avoir prié Après t'être peigné les cheveux ne les jette pas à terre Ne les jette pas là où on peut les voir Même chose avec les ongles Tes cheveux et tes ongles te représentent Ils sont la partie de toi qui ne meurt pas Fais ta toilette intime avec la main gauche Uniquement la gauche Personne ne doit pénétrer dans ta chambre Quand les gens viennent chez toi ils n'entrent pas dans ta chambre C'est là que tu pries C'est là que tu dors et rêves C'est là que tu gardes les choses précieuses C'est ton intimité Même tes amies surtout tes amies Les femmes n'aiment pas les femmes Méfie-toi de tes amies Reste sur tes gardes Certaines amies sont des sœurs Elles sont des sœurs comme celles que ta mère a enfantées Celles-là tu les reconnaîtras au premier regard Les autres je te dis d'y faire attention Ne leur prête jamais tes vêtements Dans une maison le repas doit être prêt à une certaine heure Tous les jours Les aliments ont un esprit Tu dois savoir ça Il y en a qui servent à faire du mal Ils ne sont pas mauvais au goût mais on les utilise pour ouvrir tes portes et faire entrer le mal Il ne faut pas les consommer n'importe comment Je te donnerai la liste complète Tu es grande à présent Tu dois savoir Ne mange pas ces nourritures-là chez n'importe qui

Il y a aussi des aliments qui chassent le mal Des herbes des épices qui chassent les énergies négatives Tu en connais un certain nombre Depuis que tu es petite tu les connais Prépare toujours assez à manger pour une bouche supplémentaire Quelqu'un peut venir Si on t'apporte quelque chose dans un plat ou dans une marmite ne rends pas le récipient vide Ne mange pas trop le soir Ne te couche pas le ventre plein Il faut toujours avoir un peu faim Ne mange pas trop de sucreries La vie n'est pas toujours sucrée Il faut aimer toutes les saveurs Le matin après avoir prié tu bois un jus de citron pur Tous les matins Tu pries à jeun Tu ne manges rien avant d'avoir bu ton citron Dans ta maison marche pieds nus Le plus souvent Les pieds de la femme doivent toucher la terre Il ne faut pas dorloter les pieds Ils doivent être forts pour te porter Si tu as une employée veille à savoir exécuter toutes les tâches que tu lui demandes Une femme ne vient pas travailler chez toi pour faire ce que tu ne sais pas faire Tu dois savoir le faire Autrement c'est elle qui commande Autrement elle ne peut te respecter Tes enfants doivent connaître le goût de ta cuisine Trouve toujours le temps de cuisiner pour eux Même si tu as une employée Certains plats tu es la seule à les préparer N'oublie pas tes rêves Dans les rêves il y a des signes Les rêves c'est du vécu C'est notre vie qui se déroule dans une autre dimension La réalité est multiple Il y a celle qu'on voit et celle qu'on ne voit pas Ne te moque pas des handicapés Tu raillerais le divin en faisant cela Ne te détourne pas de ton sang Le sang n'est pas de l'eau Il est parfois acide mais il reste sacré L'endroit où tu vis n'a pas d'importance C'est ce que tu es qui compte Et ce que tu es tu l'emmènes partout La terre appartient au divin pas aux hommes Évite d'attaquer mais défends-toi si tu es attaquée Tu as le devoir de préserver ta vie ta dignité ton honneur Défends-toi si tu es attaquée Respecte tout le monde mais ne crains personne Pardonne mais n'oublie pas N'aie pas peur de la mort La mort est un voyage La mort est une traversée La vie est sans fin La vie est souveraine Souviens-toi de vivre

JACHÈRE

Je crois que je vais tuer Je vais tuer quelqu'un Je n'en peux plus Je vais tuer quelqu'un Je suis trop tendue Je vais tuer quelqu'un aujourd'hui C'est la seule chose que je vais faire Mais je vais le faire Je vais le faire c'est sûr Je vais tuer quelqu'un Je vais tuer quelqu'un aujourd'hui même Dans la seconde Je vais tuer quelqu'un Si je ne m'envoie pas un homme sur le champ

BITTER BLUE

Je bois Et alors Je bois un peu Et alors Je bois trop Et alors Et alors Et alors Je suis même saoule Je suis complètement saoule Et alors Et alors Au moins ça m'évite de penser Au moins ça m'évite de penser Tu ferais quoi Toi qu'est-ce que tu ferais si tu trouvais ton mec au pieu avec un autre mec Tu ferais quoi Tu crois qu'une femme peut lutter sexuellement contre un mec En plus il était arabe Femme noire *versus* garçon arabe Tu ferais quoi Dis-moi Il levait la jambe plus haut que moi Je peux te le dire Jamais rien eu contre les Arabes Mais je t'assure que là Je n'ai rien pour non plus Les minorités n'ont pas toujours des intérêts convergents C'est ma conclusion Tu ferais quoi Hein Tu ferais quoi Toi Qu'est-ce que tu ferais Si tu trouvais ton homme au lit avec un gars Tu ferais quoi Moi Je bois Ce soir Je bois un peu Trop Demain j'aurai encore mal Mais ce soir J'aurai évité d'y penser Après quelques whiskies

Forum des Halles

Aux Halles il y a des Roms Porte Lescot Des femmes
roms Elles se précipitent vers moi On dirait qu'elles m'attendent Moi spécialement Elles se dirigent spontanément
vers les femmes noires Je m'en aperçois chaque fois que je
passe par là Les femmes noires doivent porter un fardeau
bien visible Il faut les aider C'est pour ça qu'elles accourent
Demandent si la voyance m'intéresse Je réponds que non
Non Je ne veux pas être vue Merci Ce n'est pas ainsi que je
souhaite être vue Elles insistent Me pourchassent affolées
J'ai besoin d'aide Sans le savoir J'ai besoin d'elles D'ailleurs
elles crient Hurlent qu'il y a un voile noir Quelqu'un a jeté
un voile noir sur mon existence Je suis une fille bien Mais
voilà Il y a ce voile Il est noir Il est lourd C'est un voile
comme un carcan Un voile noir Pas blanc évidemment Le
Mal c'est le noir Nous ne devons pas cette appellation au
hasard Il y a ce voile Je hausse les épaules Je leur dis que
Dans ce cas elles ne peuvent rien voir S'il y a un voile Elles
ne peuvent pas me voir telle que je suis Elles ne peuvent
rien savoir de moi En les quittant Les femmes roms de la
Porte Lescot J'ai le sentiment d'avoir été enterrée vivante

LES YEUX DE NOS PÈRES

Nos pères ne sont pas là. Ils ont souvent de bonnes raisons. Ils ne savent pas que nous sommes nées. Ils sont décédés. Ils sont inconnus. Ils sont incertains. Ils ont toujours de bonnes raisons. Nos pères sont venus de loin pour chercher la vie ici. La vie les a dédaignés. Ils n'ont trouvé que le temps qui passe, les rêves qui s'érodent, la vitalité qui se dissout. Ils n'ont trouvé que le silence, le froid, l'invective, la précarité. Ils n'ont trouvé que la survie. Alors, ils se sont retranchés en eux-mêmes. Peut-être en dehors d'eux-mêmes. En un lieu préservé de l'amertume, un espace où on est tranquille parce qu'on ne désire rien. On ne peut plus souffrir ni être déçu. Ils sont seuls. Là où ils sont, dans cet abri qu'ils se sont forgé, ils sont seuls. Leurs yeux glissent sur nous. Il ne faut pas les déranger, faire du bruit, vouloir jouer. Ils ne savent pas jouer. Ils ont su quand ils étaient petits, mais alors, ils n'étaient pas nos pères. Ils n'étaient pas nos pères qui n'avaient trouvé que la survie et dont les yeux glissent sur nous. Nous ne connaissons pas leur rire. Nos pères n'ont pas su être les hommes de nos mères. Souvent, ça s'est passé quand nous allions naître. Ils voulaient des enfants. C'étaient eux qui voulaient des enfants de ces femmes pour les ferrer, s'assurer qu'elles leur appartiennent pour toujours. Ils les avaient choisies parce qu'elles étaient différentes, libres. Ils les ont quittées parce qu'elles étaient différentes, libres. Parce qu'elles les aimaient. Ils ne comprenaient pas ça. Ils ne voyaient rien qu'on puisse aimer en eux. Ils sont partis quand elles ont commencé à gonfler. Quand nous sommes devenues inéluctables. Nos pères ont eu d'autres enfants. Ils ne les avaient peut-être pas voulus. Ils n'ont jamais posé les yeux sur nous. Nos pères sont ivres. De rage. En permanence. Ils sont fous de douleur. Ils ne savent pas parler. Expliquer. Faire qu'on se rejoigne. Qu'on se dise l'amour, même maladroitement. La rage de nos pères s'abat sur nous. Nous sommes tout ce qu'il leur reste. Nous sommes l'unique territoire sur lequel ils puissent régner. Leur ultime éclat dans cette vie aux couleurs passées. Trop tôt, trop vite passées. Nous devons nous comporter selon d'anciens préceptes que nous les soupçonnons parfois d'avoir inventés. Nous n'obéissons pas. Nous leur mentons, il le faut bien. Nous les bravons sans dire un mot, il le faut bien. Pour vivre. Attraper un peu de la vie qui palpite là, dehors, dans cette ville lumière qui, si elle s'est refusée à eux, ne nous sera pas interdite. La ville est nôtre. Pour eux, nos pères, nous devenons alors le non-lieu. L'incarnation de ce pays où leurs pieds ne se sont jamais vraiment plantés, où leurs mains n'ont rien pu agripper. Il nous faut quitter la maison. Revoir la mère en cachette. Ne pas la revoir pendant longtemps. Les yeux de nos pères sont rouges d'une tristesse et d'une colère qui nous ont précédées. Nous n'y pouvons rien. Nos pères sont des noceurs. Des hommes d'un soir. Même pas des maris de nuit, invisibles le jour, mais bien présents dans l'obscurité. Nos pères sont des artistes sans nom. Ils sont passés par ici, ils ne repasseront pas. Un feu est en eux. Un feu qui ne réchauffe pas, qui ne brûle qu'une nuit. Ce sont des vagabonds de l'amour, des passants sans souci. Ils portent des lunettes noires à minuit, ne les retirent que dans la pénombre. Nos pères durent dix minutes. Dix minutes oubliables. Ce sont des accidents. Des erreurs dont on n'est pas fière. On n'en parle pas. Ils sont passés par ici, ils ne repasseront pas. La femme n'a jamais vu leurs yeux. Nos pères ne sont pas là. La plupart du temps, bien avant qu'ils soient mis en terre. Leurs yeux ne nous ont pas aimées. Leurs mains ne nous ont rien donné. Leurs bouches ne se sont pas expliquées. Nos pères n'ont pas fait de nous des femmes. Nous sommes restées des fillettes dans l'attente de leur regard. Nous les cherchons partout, c'est toujours leur attention qu'il nous faut attirer. Nous marchons sur leurs traces. Nous faisons route vers la terre d'avant, d'où ils sont venus, où ils ont laissé des proches que nous n'avons pas connus. Nous y allons dans l'espoir de trouver quelqu'un qui nous dise ce qu'ils ne diront pas : Qui. Qui sont ces hommes que nous portons en nous pour toujours ? Les filles ne choisissent pas leurs pères. Les filles ne divorcent pas de leurs pères, même quand elles claquent la porte pour ne plus les revoir, même quand elles ne prononcent plus leur nom, cessent de le porter. Nous ne pensons qu'à eux, quand nous choisissons des hommes qui, surtout, ne leur ressemblent pas. Nous ne pensons qu'à eux, quand nous chassons des hommes qui, peut-être, ont leurs yeux.

Goût de la couleur

J'ai beau m'exprimer clairement sur le sujet, elles ne m'écoutent pas. Mes copines continuent de faire une fixation sur les hommes noirs. Elles s'y accrochent comme des puces sur les oreilles d'un chien. Autant dire qu'elles ne se simplifient pas la vie, dans cette société où les Noirs sont minoritaires et les hommes, statistiquement moins nombreux que les femmes. Autant dire qu'elles ne font pas grimper leur cote auprès de ces fameux hommes noirs qui, les sachant acquises, font un peu ce qu'ils veulent. Un peu, dans cet énoncé, n'est qu'une façon de parler. Faire un peu ce qu'on veut, ça signifie ne faire que… C'est clair. Ils sont complètement tout-terrain, citoyens du monde féminin. Ils habitent tous les corps, toutes les peaux. Dans la chambre à coucher, ils comprennent toutes les langues. Elles le voient bien, mais rien à faire.

Pour ne pas m'enfermer dans une vaine déploration de cette situation, j'ai pensé qu'il fallait comprendre le phénomène. Depuis, je les analyse. Mes copines. En réalité, ce ne sont pas les hommes noirs qu'elles aiment tellement. C'est ce qu'ils représentent… ou pas. Le cas classique est celui des femmes pour lesquelles l'homme est le prolongement d'un père aimé, un abri sûr, comme une maison familiale dont on connaît par cœur les coins et recoins, tous les vices cachés. Il n'y a pas à se fatiguer. L'intimité est facile, fluide. Le quotidien, rythmé par des codes culturels de tout temps maîtrisés. L'homme noir est une affaire qui roule. Avec lui, pas de surprises, rien à expliquer. L'homme noir sait que la partie inférieure du corps de sa femme prendra des proportions certaines avec les années. Il ne s'enfuira pas pour si peu. Il sait que la femme noire peut avoir la langue fourchue, la tendresse épineuse. Il ne va pas se croire mal aimé, certainement pas s'autodétruire, sous prétexte qu'on lui a parlé un peu fort. Si elle lui lance sa chaussure au visage parce qu'elle a ses raisons, si elle déchiquette ses vestes au cutter parce qu'il n'y a rien d'autre à faire, l'homme noir sait rester stoïque et dire : *Tsst ! Je ne peux même pas te battre, ton corps est mou partout.* Une affaire qui roule, on vous dit. La vie est pleine d'incertitudes, de défis à relever. Ces femmes cherchent un endroit tranquille. Rien qu'un endroit tranquille, cet adjectif étant, ici, une façon de parler. La tranquillité entre Noirs n'est pas dénuée de remous.

Il y en a aussi, parmi mes copines, qui ne peuvent se passer de ces hommes, mais qui ne vivraient pas avec. Jamais de la vie. Elles ne maîtrisent pas tout à fait les codes culturels qui le leur permettraient – même en Occident, les Noirs ont des spécificités culturelles, c'est comme ça. Ils ne peuvent pas faire comme tout le monde. Donc, ces femmes, élevées dans des milieux où on s'est lissé les contours pour rentrer dans le rang, gravir l'échelle sociale, n'ont pas la culture, ni le niveau requis pour appréhender la question au quotidien. Elles le savent parce qu'elles ont eu un père noir qui a rendu chèvre leur mère blanche ou n'importe quoi d'autre que noire. Elles le savent parce qu'elles ont eu un père noir qui a passé son temps à semer ses graines dans tous les jardins, si bien que tous les garçons noirs de la planète pourraient être leurs frères, si bien que leur mère noire a dû baisser la tête, s'avouer vaincue, plier bagage. Elles le savent, c'est tout. Elles deviendront folles quand l'homme videra le compte joint sans les en avertir, parce que la culture veut que lui seul décide. C'est un homme, même s'il s'agit d'un compte joint, il ne demandera pas la permission comme un petit garçon. C'est exclu. Il ira investir dans quelque affaire foireuse ou dans des futilités. Celles qui connaissent les codes savent qu'une femme sensée possède des avoirs cachés, soigneusement dissimulés, dont elle ne parlera pas, y compris sous la menace d'une arme. C'est l'argent des enfants. C'est l'argent épargné en prévision de jours pluvieux. Quand l'homme vide le compte joint, elles l'insultent comme il faut, font la grève du sexe – avec lui seulement – et ne cuisinent plus ce qu'il aime, jusqu'à ce qu'il ait réparé les dégâts. Cela prend du temps, mais elles ne deviennent pas folles. Non. Elles vivent avec des principes simples : *Ce n'est pas l'homme qui doit traumatiser la femme, mais l'inverse.* Et elles savent s'y employer. Tranquillement. La tranquillité entre Noirs n'est pas dénuée d'aspérités.

Pour en revenir à mes amies, celles qui ne vivraient pas avec mais qui ne peuvent vivre sans, l'approche est surtout charnelle. Ce n'est pas la conversation de ces messieurs qui les emballe, et je ne suis pas en train de dire qu'ils n'en ont pas. Ce que je dis, c'est qu'elles ne jettent pas forcément leur dévolu sur ceux qui en ont. C'est leur corps qu'elles veulent. Elles ont besoin de faire l'amour avec des corps noirs, de dormir dans des bras noirs. Ça les équilibre. Ça les détend. Un peu comme ces hétéros qui ne se portent bien qu'en ayant, de temps en temps, des relations homo-sexuelles. Parfois, elles cherchent aussi le dépaysement : des Noirs avec un accent. Des Noirs dont le corps leur est à la fois familier et étranger. Des Noirs bien de là-bas. Souvent, c'est dans leur environnement originel qu'elles vont les trou-ver. Dans une autre vie qu'elles essayent comme on enfile une robe dans une boutique avant de la remettre à la vendeuse. Les Blanches ne sont pas les seules à faire ça. On ne se soucie pas des Noires, voilà tout. On ne fait pas de reportages sur leur manière à elles de pratiquer le tourisme sexuel, avec un parfum de retour aux sources. *Sankofa ladies, Sankofa.* Parmi celles pour lesquelles l'homme noir n'est pas une affaire qui roule, il y a les femmes qui recherchent l'étreinte du père absent. Le regard qui ne s'est pas posé sur elles. La bouche qui n'a rien dit. Elles ne sauraient pas vivre avec cet homme qui n'a pas voulu les connaître, mais il leur faut l'approcher, le toucher, combler le vide… Le goût de la couleur est une affaire subtile.

Le pays dit : Noire ou Française Le pays dit qu'on ne peut être que Noire ou Française La pensée du pays est binaire Polarisante Limitée Elle résonne comme une sommation La pensée du pays sent la fin La fin de la confiance en soi la fin du pays La France ne sera pas la France si elle dit : Noire ou Française

La France ne sera pas une grande idée Rien qu'une triste réalité tant qu'elle dira : Noire ou Française La binarité ce n'est pas français Ce n'est pas le mieux Ce n'est pas ce qui groove le plus Ce qui swingue le plus Ce qui promet le plus La binarité n'est pas désirable On s'y oppose spontanément On s'en détourne résolument Elle impose le choc Réduit tout au choc La binarité est une fausse proposition

Le mieux c'est la fusion : Française noire Le mieux c'est l'addition : Française et Noire qui ouvre sur le ternaire puisqu'un troisième terme en sortira Le mieux c'est la conjonction La coordination : Noire de France où la fusion est un équilibre une perspective une voie sûre

Le mieux Pour beaucoup C'est de dépasser les limites Usées de la nation De voir plus grand Le mieux pour beaucoup C'est de transcender la couleur Qu'on comprenne Qu'il ne s'agit pas de race Qu'il n'est pas question de biologie Mais de culture D'appartenances mitoyennes en soi D'Histoire De la mémoire d'une rencontre sur laquelle il est impossible de revenir

Celles qui inventent un langage nouveau Celles qui ne croient pas à l'achèvement du monde Celles qui brisent les cloisons factices Celles qui accouchent de l'à-venir se disent : Afropéennes

TABLE DES MATIÈRES

PARUS AUX ÉDITIONS PLON

CES ÂMES CHAGRINES

BLUES POUR ÉLISE

LES AUBES ÉCARLATES

TELS DES ASTRES ÉTEINTS

CONTOURS DU JOUR QUI VIENT

L'INTÉRIEUR DE LA NUIT

PARU AUX ÉDITIONS NIL

SOULFOOD ÉQUATORIALE

PARU AUX ÉDITIONS FLAMMARION

AFROPEAN SOUL ET AUTRES NOUVELLES

Achevé d'imprimer en janvier 2012
dans les ateliers de Normandie Roto Impression s.a.s.,
à Lonrai (Orne)
N° d'impression : 114807
Dépôt legal : janvier 2012

Imprimé en France

Ce livre est imprimé sur un papier sans chlore
et résistant au vieillissement,
fabriqué selon un usage responsable de la forêt.

Si vous désirez recevoir gratuitement notre catalogue
et être régulièrement informé de nos nouveautés,
n'hésitez pas à envoyer vos coordonnées à :

L'Arche Éditeur
86, rue Bonaparte
75006 Paris
newsletter@arche-editeur.com